AF201865

Abenteuer!
MAJA NIELSEN ERZÄHLT

Martin Luther

>>> **Glaube versetzt Berge**

Unter Mitwirkung von Dr. Margot Käßmann
Fachliche Durchsicht: Dr. Okko Herlyn

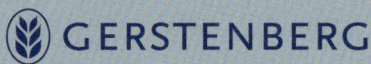

GERSTENBERG

Die Autorin Maja Nielsen kam durch ihre beiden Söhne zum Schreiben spannender Abenteuergeschichten. Viele davon sind als Bücher und Hörbücher erschienen oder wurden als Hörspiele und Reportagen im Rundfunk gesendet. Für die Bücher der Reihe *Abenteuer!* stehen ihr Experten der jeweiligen Sachgebiete zur Seite.

Unter Mitwirkung von **Margot Käßmann** und **Okko Herlyn**

Prof. Dr. Dr. h. c. Margot Käßmann hatte bereits viele wichtige Ämter und Funktionen inne, etwa als Landesbischöfin der Evangelisch-lutherischen Landeskirche Hannover oder als Vorsitzende des Rates der Evangelischen Kirche in Deutschland (EKD). Außerdem publizierte sie zahlreiche preisgekrönte Bücher. Seit 2012 ist Margot Käßmann Botschafterin des Rates der EKD für das Reformationsjubiläum 2017.

Prof. Dr. Okko Herlyn war viele Jahre lang Gemeindepastor und Hochschulprofessor. Er veröffentlichte zahlreiche Bücher, für die er mit diversen Preisen ausgezeichnet wurde.

Der Gerstenberg Verlag dankt Margot Käßmann und Okko Herlyn herzlich für ihre Mitwirkung an diesem Buch.

2. Auflage 2017
Copyright © 2016 Gerstenberg Verlag, Hildesheim
Alle Rechte vorbehalten.
Reihenkonzeption: Magdalene Krumbeck, Wuppertal
Gestaltung, Satz und Litho: typocepta, Köln
Illustration: Anne Bernhardi, Leverkusen
Karten: © Peter Palm, Berlin
Druck: Interak, Czarnków
Printed in Poland

www.gerstenberg-verlag.de
ISBN 978-3-8369-4887-6

Eine Gruppe von Reformatoren um Martin Luther: in der vorderen Reihe von links Johannes Forster, Georg Spalatin, Martin Luther, Johannes Bugenhagen, Erasmus von Rotterdam, Justus Jonas, Caspar Cruciger und Philipp Melanchthon. Das Gemälde befindet sich in der Lutherhalle in Wittenberg.

Inhalt

Weltuntergangsstimmung

> > > **Hunger und Not,** Naturkatastrophen, verheerende Kriege, Missernten, Krankheiten wie Pest und Lepra: der Tod ist im Mittelalter allgegenwärtig, das irdische Leben nur ein kleiner Schritt auf dem Weg ins Jenseits. Noch vor 500 Jahren glauben die Menschen, dass der Weltuntergang unmittelbar bevorsteht. Die Angst vor dem Jüngsten Gericht schnürt ihnen die Kehle zu. Sie fürchten sich vor einem strafenden Donnergott, der sie mit Fegefeuer und Höllenqualen für ihre Sünden verurteilen wird. Die Kirche schürt diese Ängste noch und macht mit ihr Geschäfte.

Diese ständige Angst hat mit einem Universitätsprofessor mit Namen Martin Luther ein Ende. Mit einem Thesenpapier, das er an die Tür der Schlosskirche in Wittenberg hängt, stößt er eine grundlegende Veränderung der Kirche an. Ausgestattet mit großem persönlichem Mut, kann er sich und seine Lehre vor den Mächtigen der damaligen Welt behaupten. Mit seinem Wortwitz und seiner Sprachgewalt beeinflusst er die deutsche Sprache maßgeblich. Besonders für seine Bibelübersetzung erfährt der Reformator bis heute große Anerkennung.

„Martin Luther lebte im Mittelalter und ging einen riesigen Schritt voran!", sagt Margot Käßmann, die vom Rat der Evangelischen Kirche zum Reformationsjubiläum 2017 zur „Lutherbotschafterin" berufen wurde. „Aber wir können Luther nicht nur als makellosen Helden sehen. Das war er nicht. Er hatte auch Fehler." Sie hilft uns, die Widersprüche in Luther besser zu verstehen, und erläutert, was sein Denken und seinen Glauben bestimmte.

Martin Luther hatte große Angst vor Gott.
Jeden Tag seines Lebens. Bis er begriff:
„Gott liebt mich, obwohl ich Fehler mache".
Margot Käßmann

Das Gewitter

▶▶▶ **„Der Martin! Der Martin!"**, ruft die Tante ins Häuschen hinein, worauf sofort lautes Getrappel einsetzt und die beiden kleinen blondbezopften Kusinen zur Begrüßung an die Tür kommen. Es duftet nach Hirsebrei und Speck. Martin weiß schon, warum er bei seiner Tante in Eisleben immer „zufällig" genau zur Mittagszeit vorbeikommt, wenn er zu seinen Eltern nach Mansfeld unterwegs ist.

Beim Essen fragen die Kusinen Martin neugierig nach seinem Studentenleben aus. Er berichtet, wie streng es in seiner Burse zugeht. Und wie geschickt er und seine Freunde darin sind, die Regeln zu umgehen. Nachts findet manches Mal ein Trinkgelage im großen Schlafsaal statt, ohne dass der Magister Wind davon bekommt.

„Offenbar hast du gute Freunde dort in Erfurt gefunden!", sagt die Tante lachend und Martin stimmt ihr aus vollem Herzen zu. Begeistert erzählt er, wie sehr ihm die Fabeln des griechischen Schriftstellers Aesop gefallen. Auch auf der Laute lässt er ein Liedchen erklingen. Das Jurastudium, das er vor wenigen Wochen begonnen hat, erwähnt er jedoch mit keinem Wort. Als die Tante ihn nach dem Essen ein Stück des Weges begleitet, fragt sie ihn danach.

1689 zerstörte ein Stadtbrand Luthers Geburtshaus in Eisleben. Die Stadt ließ es leicht verändert wieder aufbauen und richtete dort eine Gedenkstätte ein.

 ## Luthers Elternhaus

Luthers Vater Hans Luder stammt aus einer wohlhabenden Bauernfamilie in Möhra südlich von Eisenach. Er heiratet Margarete Lindemann, eine Bürgerstochter aus Eisenach. Martin wird am 10. November 1483 in Eisleben geboren. Am 11. November – dem Martinstag – wird er auf den Namen Martin getauft. Von dem Startkapital, das beide Familien dem jungen Paar mitgeben, pachtet der Vater im Mansfelder Land eine Kupfermine. Dorthin siedelt die Familie 1484 um und bringt es mit Fleiß und Geschick zu einigem Wohlstand. Martin ist der älteste Sohn. Insgesamt fünf Kinder der Familie erreichen das Erwachsenenalter. Die Kindheit Martin Luders ist durch Sparsamkeit und Strenge geprägt.

Schule und Studium

Im Alter von viereinhalb Jahren wird Martin in Mansfeld eingeschult. Dort lernt er Lesen, Rechnen, Schreiben und Latein. Täglich wird gesungen und gebetet. Im Alter von 13 Jahren kommt er nach Magdeburg ins Internat. Ein Jahr später wechselt er nach Eisenach auf die Lateinschule. Bald spricht er Latein so gut wie Deutsch. Mit 17 schreibt er sich an der Universität in Erfurt zu einem geisteswissenschaftlichen Grundstudium ein, das Grammatik, Rhetorik, Dialektik, Arithmetik, Geometrie, Musik und Astronomie umfasst. Diese „Sieben Freien Künste", die *septem artes liberales,* sind die an den Universitäten übliche Vorbereitung auf das Jura-, Medizin- und Theologiestudium. Mit 21 Jahren schließt er das Grundstudium mit dem Titel Magister Artium als Zweitbester seines Jahrgangs ab. Danach nimmt er 1505 ein Jurastudium auf.

Hans Luder gibt seinen Sohn 1488 auf die Lateinschule in Mansfeld. Der kleine Martin hat große Angst vor der Schule.

„Ach, Tante", sagt er etwas gequält. „Ich weiß, dass der Vater sich wünscht, dass aus mir ein Jurist wird."

„Aber?"

„Aber ich werde ihm heute Abend sagen, dass die Juristerei nichts für mich ist." In Martins weichem, jungenhaftem Gesicht spiegelt sich neben der Entschlossenheit auch die Angst vor dem Zorn seines Vaters.

Seine Tante drückt ihm die Hand. „Na, viel Glück, Martin. Ich weiß ja, wie heftig Hans sein kann. Aber du wirst schon wissen, was gut und richtig ist für dich." Dann verabschieden sie sich und Martin geht seiner Wege. Zwei Stunden wird er noch tüchtig marschieren müssen.

Der Pfad führt jetzt durchs Mansfelder Land, vorbei an vielen Schächten, in denen Kupfer gefördert wird. Immer wieder begegnet er Bergleuten, die ihn als Sohn des Bergbauunternehmers Hans Luder erkennen und höflich ihre Kappen lüpfen, um zu grüßen. Ah, nach Haus kommen! Wie gut das doch tut! In einem Viertelstündchen ist er daheim. Er gönnt sich eine Pause am Weiher, legt sich ins grüne Ufergras. Während er in den blauen Sommerhimmel schaut, muss er an seinen armen Studienkollegen denken. Letzte Woche ist er gestorben. Ganz plötzlich und unerwartet. Und im Juni haben sie drei Professoren der Universität zu Grabe getragen. Wie flüchtig das Leben doch ist!

Was wäre, wenn es mich morgen treffen würde?, fragt er sich beklommen. Würde Gott gefallen, wie ich lebe? Eine dumpfe Angst kriecht in ihm hoch. Er weiß, dass Gott unmöglich zufrieden mit ihm sein kann. Fort mit den düsteren Gedanken! Er springt mit einem Satz auf und rennt nach Hause, als sei der Teufel hinter ihm her.

Blass ist er bei seinem Besuch daheim. Viel blasser als sonst. Irgendetwas quält den Jungen. Nur was?, fragt sich seine Mutter Margarete ein ums andere Mal. Sie weist die Köchin an, mehr von der guten Butter als sonst zum Gartengemüse zu tun.

„Wie ergeht es Euch denn jetzt beim Erlernen des Gesetzes, mein Sohn?", fragt Hans Luder seinen Sprössling, als die beiden Männer nach dem Abendbrot zusammensitzen.

Der Vater hat zwei Gläser von dem guten Apfelbrand eingeschenkt, den er für besondere Momente hütet. Zur Freude des Vaters hat der Sohn sein Grundstudium an der Universität als Zweitbester abgeschlossen. Darauf stoßen sie jetzt an.

Neuerdings sagt der Vater respektvoll „Ihr" statt „du" zu seinem Sohn. Martin muss sich erst noch daran gewöhnen.

 ## Hölle und Fegefeuer

Um nach einer bösen Tat wieder ins Reine mit Gott zu kommen, muss der Mensch Strafen auf sich nehmen. Nach dem Tod durchläuft der Sünder daher eine Reinigung im Fegefeuer. Dort wird er geläutert, bevor er ins Paradies eintreten kann. Nur Heilige kommen, ohne das Fegefeuer zu durchlaufen, direkt in den Himmel.

Die Hölle ist dagegen ein Ort, der Menschen, die sich von Gott abgewandt haben, bestimmt ist. Diese Todsünde führt dazu, dass die verdammten Seelen ewig an diesem Ort der Qual ausharren müssen und nie zu Gott gelangen werden. Diese Vorstellung von Fegefeuer und Hölle gilt in der katholischen Kirche in abgemildeter Form noch heute.

Die Menschen des Mittelalters haben eine Höllenangst vor dem Jenseits. Durch bildliche Darstellungen der Martern, die die Seelen im Fegefeuer oder in der Hölle erleiden müssen, wird die Furcht noch geschürt.

„Ach, das Gesetz", murmelt Martin. Nun wäre der rechte Zeitpunkt gekommen, mit dem Vater über seine Zukunft zu sprechen. Jetzt oder nie.

„Recht bekommt am Ende immer der, der am besten schwätzen kann, Vater. Ich weiß nicht, ob ich dafür geschaffen bin, Tag für Tag Wörter zu verdrehen – gegen jedes gesunde Empfinden. Ich habe große Zweifel, ob das mein Leben sein kann."

Hans Luder hat sich aus kleinen Verhältnissen hochgearbeitet und es als Unternehmer zu einigem Wohlstand gebracht. In seiner arbeitsreichen Welt ist kein Platz für Grübeleien.

„Die Zweifel werden mit der Zeit schon verschwinden, Martin. Eines Tages werdet Ihr einen hohen Fürsten beraten. Wenn Ihr es geschickt anstellt, werdet Ihr großen Einfluss haben. Das wird auch unserem Kupferabbau nützlich sein. Also gebt Euch Mühe. Zum Wohl!" Sie trinken andachtsvoll von Vaters Selbstgebranntem. Eine weitere Gelegenheit, über das Studium zu sprechen, ergibt sich nicht.

Bevor Martin sich auf den Rückweg nach Erfurt macht, verrät die Mutter ihm noch ein Geheimnis. „Vater ist dabei, eine Braut für dich auszusuchen. Wenn du das Studium abgeschlossen hast, wird Hochzeit gefeiert!"

Bepackt mit Würsten, Speck und weiteren Leckereien aus Mutters Vorratskammer macht Martin sich auf den Rückweg. Der Besuch hat ihm gutgetan. Wahrscheinlich hat der Vater Recht mit dem, was er sagt. Die Zweifel werden sich schon legen, wenn er nur härter arbeitet. Eines Tages wird sein Leben so geordnet verlaufen wie das seiner strengen, guten Eltern.

Als er das Dorf Stotternheim erreicht, liegt nur noch etwas über eine Stunde Wegstrecke bis Erfurt vor ihm. Die Luft ist mit einem Mal schwer wie Blei geworden. Die Bauern, gerade noch bei der Heuernte, verlassen eilig ihre Fel-

Martin fühlte sich sehr zerrissen, als er seine Eltern besuchte. Er hat Recht studiert und war damit nicht zufrieden. Er hat für sein Leben Sinn gesucht.

Margot Käßmann

der. Als er sich umdreht, sieht er, dass der Himmel eine schwefelgelbe Farbe angenommen hat und schwarze Wolken aufziehen.

„Kommt mit zu meinem Hof! Da braut sich was zusammen", bietet ihm einer der Bauern an. Aber Martin winkt ab. Ihn zieht es zu seinen Büchern. Er will sein Jurastudium jetzt richtig anpacken. Der Vater soll sich freuen.

Als es anfängt, zu regnen, ist er ganz allein auf seinem Weg durch die Felder. Es ist dunkel geworden. Ein lautes Grollen kommt unaufhaltsam näher. Plötzlich zuckt ein gewaltiger Blitz herab, auf den sofort ein ohrenbetäubender Donnerschlag folgt. Es klingt, als ob der Himmel einstürzt.

Martin fängt an zu laufen. Der Regen peitscht ihm ins Gesicht. Ein schmutziggrauer Schleier liegt über dem Land. Wieder fährt ein Blitz herab. Er muss sofort Schutz suchen. Aber wo?

Heilige Anna

Die heilige Anna ist die Mutter Marias und somit die Großmutter von Jesus. Sie ist die Schutzpatronin gegen Gewitter und gilt als Luthers Lieblingsheilige. In der katholischen Kirche erhofft man sich von den Heiligen Fürsprache bei Gott. Da Christus und Gott unerreichbar schienen, bat man die Heiligen durch Gebete, Geschenke und Versprechungen um Vermittlung.

„Buchen soll man suchen, Eichen soll man weichen", murmelt er außer Atem den alten Merksatz vor sich hin. Da! Der mächtige Baum direkt vor ihm! Gleich hat er ihn erreicht! Und in dem Moment, in dem er den zerklüfteten Baum als Eiche erkennt, geht ein greller Blitz vom Himmel nieder und fährt in sie ein. Es gibt einen ohrenbetäubenden Schlag. Krachend zerbirst der Baum. Von der glutheißen Druckwelle wird Martin zu Boden geworfen. Ihm kommt es vor, als ob die Erde unter ihm bebt und schwankt. Noch nie hat er eine solche Angst verspürt. Todesangst. In seiner Not entfährt ihm ein Satz, der sein Leben für immer ändern wird.

„Hilf, du heilige Anna! Lässt du mich leben, will ich ein Mönch werden!"

Das Gewitter zieht irgendwann ab. Martin steht auf und geht weiter. Der Regen wird milder, freundlicher, wird zu einem warmen Sommerregen. Martin ist zum ersten Mal seit Wochen leicht ums Herz. Entschlossen marschiert er auf Erfurt zu. Als er schließlich in seiner Studentenunterkunft eintrifft, weiß er, dass er das Versprechen, das er der heiligen Anna gegeben hat, halten wird.

„Ich werde mein Studium aufgeben und ins Kloster gehen. Vater wird bitter enttäuscht sein. Aber Gott hat mich gerufen. Es gibt kein Zurück!", macht er sich klar. Martin kommt es vor, als habe der Wunsch, ins Kloster zu gehen, schon lange in ihm geschlummert. Als habe er nur darauf gewartet, geweckt zu werden.

Entschlossen macht er sich daran, sich von allem, was sein bisheriges Leben ausgemacht hat, zu trennen. Er gibt seinen Schlafplatz in der Burse auf, verkauft bis auf zwei Bücher all seinen Besitz, ruft ein letztes Mal seine Freunde zusammen, feiert mit ihnen ausgiebig Abschied. Zum letzten Mal spielt er für sie auf der Laute. Die Freunde begleiten ihn bis zum Augustinerkloster, das Martin für seinen Eintritt gewählt hat. Dort sagen sie sich Lebewohl. Einige haben Tränen in den Augen. Andere glauben noch immer an einen Scherz. Doch das Lachen vergeht ihnen, als Martin über die Schwelle des Klosters tritt. Am Morgen des 17. Juli 1505 schließen sich mit einem dumpfen Krachen die Klosterpforten hinter ihm.

Von 1505 bis 1511 gehört Martin Luther dem Kloster der Augustiner-Eremiten in Erfurt an. 1507 wird er hier zum Priester geweiht. Als er am 2. Mai 1507 in der Klosterkirche seine erste Messe liest, hat er das Gefühl, total zu versagen.

Klosterleben

▶ ▶ ▶ **Als Novize Martin** ein Jahr später vor dem Ablegen des Ordensgelübdes in seinem neuen, schwarzen Ordensgewand in Kreuzform ausgestreckt vor dem Hochaltar der Erfurter Augustinerkirche liegt und demütig um die endgültige Aufnahme ins Kloster bittet, ist der 22-Jährige überzeugt, dass er das Richtige tut. Der Boden unter ihm ist eisig kalt und hart. Genau wie das Leben, das vor ihm liegt. Aus dem jungen Studenten mit dem weichen Gesicht ist innerhalb von zwölf Monaten ein hagerer Mann mit tiefen schwarzen Ringen unter den Augen geworden. Sein Kopf ist bis auf den schmalen Haarkranz, die Tonsur, kahl geschoren.

Bruder Martin weiß, worauf er sich mit seiner Profess – seinem Bekenntnis – einlässt. Als Novize hat er das Klosterleben genau kennengelernt. Siebenmal am Tag kommen die Mönche zur Andacht zusammen. Um zwei Uhr morgens läuten die Glocken zum ersten Gottesdienst. Erst nach dem Mittagsgebet um 12 Uhr wird ihnen die erste und an vielen Tagen einzige Mahlzeit gereicht. Da sind sie bereits zehn Stunden auf den Beinen.

Jetzt, während der feierlichen Zeremonie, führt der Klostervorsteher Bruder Martin noch einmal schnörkellos vor Augen, für welches Leben er sich gerade entscheidet. „Demut ist das oberste Gebot der Augustinermönche. Für einen Augustiner darf kein Dienst zu niedrig sein", stellt er unmissverständlich klar. Aber das weiß Martin bereits. Den jungen Studenten aus gutem Hause hat man während der Probezeit Tag für Tag den Abort reinigen lassen. Obwohl das Kloster wohlhabend ist und über mehr als genug Besitz verfügt, hat man Martin – *saccum per naccum* – mit dem Bettelsack auf dem Rücken in die Stadt geschickt: Auch durch Betteln werden die Mönche zu Demut erzogen. Mit gesenktem Kopf, wie es Vorschrift ist, ist er selbst an grimmigen Wintertagen von Haus zu Haus gezogen und hat um ein Stück Käse oder etwas Brot gebeten. Oft bellten ihm die Hunde hinterher, manchmal schnappten sie nach seiner schwarzen Kutte.

Luthers Kammer im Kloster. Hier verbringt er schwere Stunden in panischer Angst vor Gottes Zorn. Intensiv fastet und betet er und wird vor Mangel an Schlaf und Nahrung sogar ohnmächtig.

Was Luther sich erhofft hat vom Kloster? Die Frage, die ihn beschäftigte, war: Was ist ein gutes Leben vor Gott? „Wenn ich im Kloster bin - das wird Gott gut gefallen!", hat er sich überlegt. „Wenn ich auf alles verzichte - weltliche Freuden - wenn ich viel faste, wenn ich viel beichte - dann lebe ich so, dass Gott zufrieden mit mir ist."

Margot Käßmann

„Mehr als 120 Fastentage im Jahr!", zählt der Prior weiter die Härten des Klosterlebens auf. An das Hungern hat Martin sich inzwischen gewöhnt. Was ihm weit mehr zusetzt, ist die Kälte des Klostergemäuers. Die gerade zwei mal drei Meter großen Zellen sind unbeheizt. Im Winter gefriert das Wasser im Krug zu Eis. In seiner Zelle fühlt sich Martin zuweilen wie in einem Grab, viele Meter unter der Erde. Kein Laut darf aus der Mönchszelle nach außen dringen. Das kleinste Geräusch wäre eine schwere Sünde. Sogar die Gebete müssen in den Zellen schweigend verrichtet werden.

Ohnehin wird den Mönchen die meiste Zeit des Tages striktes Schweigen auferlegt. Auch Lachen ist strengstens verboten. Wer andere zum Lachen reizt, wird schwer bestraft.

„Strafe!", dröhnt die Stimme des Vorstehers durch das Kirchenschiff und hallt von den Wänden donnernd wider. Strafe, Strafe, Strafe. Strafe. Jeden Freitag während des Schuldkapitels werden die Züchtigungen für Verstöße gegen die strengen Regeln des Ordens aufs Neue verhängt. „Lasset uns handeln von unserer Schuld!", fordert der strenge Vorsteher zur vorgegebenen Stunde, woraufhin sich die Mönche vor ihm auf den Boden werfen. Jeder Einzelne bekennt nun seine Sünden. Wer seine Verstöße nicht selbst eingesteht, wird von seinen Mitbrüdern verraten. Denn

 Augustinerorden

Der um das Jahr 1256 gegründete Orden der Augustiner-Eremiten zählt zu den Bettelorden. Wer ins Kloster geht, durchläuft eine einjährige Probezeit. Bei seinem Gelübde übergibt er dem Kloster seinen Besitz. Die Augustiner arbeiten – auch heute noch – vielerorts als Seelsorger und Prediger. Der Orden legt daher viel Wert auf eine solide theologische Ausbildung ihrer Mönche. Das Studium der Bibel steht dabei im Mittelpunkt. Martin Luther erhielt bei seinem Ordenseintritt daher eine Bibel, was zu seiner Zeit ungewöhnlich war. Namenspatron des Ordens ist der einflussreiche Philosoph und Kirchenlehrer Augustinus von Hippo (354–430). Seine Lehre beeinflusst Martin Luthers Denken stark.

Das Schwarze Kloster in Erfurt gilt als streng. Etwa 50 Mönche leben hier. Während viele Klöster zu Luthers Zeit die eigenen Regeln vernachlässigen, werden sie hier besonders genau befolgt.

Martin Luther hatte große Angst vor Gott. Er hatte ständig das Gefühl, dass er etwas Schlechtes tut, dass er etwas Schlechtes denkt und sich falsch verhält. Das trieb ihn so um, dass er fast nicht schlafen konnte.

Margot Käßmann

alle bespitzeln einander. Tagsüber, aber auch in der Nacht im Dormitorium, im gemeinsamen Schlafsaal. So ist die Vorschrift. Hat man etwas verschwiegen, dann fällt die Strafe des Vorstehers doppelt hart aus.

Jeder noch so kleine Verstoß gegen die Klosterordnung wird geahndet. Wenn man Wasser verschüttet, aus Versehen lacht oder in einem der vielen Gottesdienste einschläft, setzt es eine relativ leichte Strafe: einen scharfen Hieb mit der Rute. Außerdem muss man einen Bußpsalm aufsagen. Wer häufiger das Schweigen bricht oder gar Schimpfworte gebraucht, erhält drei Peitschenhiebe und zusätzlich drei Fastentage auferlegt. Auch das ist noch zu verschmerzen. Wer allerdings dem Klostervorsteher den Gehorsam verweigert, wird empfindlich gezüchtigt: Tagelang erhält der Sünder nur Wasser und Brot. Während der Mahlzeiten seiner Ordensbrüder muss er auf dem kalten Fußboden sitzen. Seine Mönchskutte darf er währenddessen nicht tragen. Und beim Einzug der Mönche in die Kir-

Links: Im Kapitelsaal des Klosters versammeln sich die Mönche täglich, um der Lesung eines Kapitels aus einem kirchlichen Buch zu lauschen. An diesem Versammlungsort findet auch die öffentliche Gewissensprüfung statt.

A IPSE SVAE MENTIS SIMVLACHRA LVTHERVS
IT·AT WLTVS CERA LVCAE OCCIDVOS·

M·D·XX·

Oben: Martin Luther als Mönch und Professor. Der Maler Lucas Cranach der Ältere, der dieses Bildnis schuf, ist ein guter Freund von Luther. Mit vielen seiner Bilder wird er die Reformation unterstützen.

Mönchstum

Das Wort „Mönch" kommt aus dem Griechischen und bedeutet „Einzelner". Im 3. Jahrhundert verließen junge Männer ihre christlichen Gemeinden und gingen in die Wüste, um dort zu beten und abgeschieden zu leben. Sie begründeten ihre völlige Hingabe an Gott mit den Worten Jesu aus dem Lukas-Evangelium: „Und wer nicht sein Kreuz trägt und mir nachfolgt, der kann nicht mein Jünger sein." Als das Einsiedlertum im 4. Jahrhundert zur Massenbewegung wurde, enstanden in Ägypten die ersten Klöster. Eine wichtige Aufgabe der Klöster war von Anfang an die Sammlung und Erforschung von Wissen.

che muss er zur besonderen Demütigung wie ein Hund neben der Kirchentür auf dem Fußboden liegend ausharren.

„Gehorsam, Armut, Keuschheit! Willst du das alles ertragen?", hört Bruder Martin den Klostervorsteher fragen. Seine Stimme klingt wie ein Peitschenhieb.

„Ja, ich will!", durchzuckt es Martin, noch ehe sich der Widerhall im Kirchenschiff gelegt hat. Das Einzige, was ihn schmerzt, ist, dass er seinen Eltern mit seiner Entscheidung großen Kummer zufügt. Der Tag seiner Aufnahme im Kloster ist der schwärzeste Tag im Leben seines Vaters. Aber dennoch – es muss sein! Mit fester Stimme antwortet er dem Vorsteher: „Ja, mit Gottes Hilfe will ich alles auf mich nehmen und halten, soweit es meine menschliche Schwachheit zulässt."

Jetzt gibt es kein Zurück. Eine Welle des Glücks breitet sich in Martin aus. Noch nie in seinem Leben hat er solch ein Entzücken verspürt.

Später denkt er, dass der liebe Gott in diesem Moment herzlich gelacht haben muss über den frommen Bruder Martin. Ja, dass er sich regelrecht ausgeschüttet haben muss vor Lachen. Denn alles sollte anders kommen, als der junge Mönch es sich damals vorstellen kann.

3

Innere Qualen

▶▶▶ **„Vater, bitte,** habt Ihr einen Moment Zeit?" Martins Beichtvater Johann von Staupitz sieht von seiner Arbeit im Kräutergarten auf. Er kann nicht verhindern, dass ihm ein tiefer Seufzer entfährt. Bruder Martin! Schon wieder! Mit angstvoll geweiteten Augen. Verzweifelt. Wie so oft.

„Bruder Martin!", sagt er leichthin, bemüht um einen sanften, milden Ton. Er weiß genau, dass Geduld eine wichtige Mönchstugend ist. Aber an diesem Tag wird sie bei ihm wieder einmal auf eine harte Probe gestellt.

„Was habt Ihr auf dem Herzen?", fragt er, während er weiter Unkraut aus dem Kräuterbeet entfernt.

„Ich habe gesündigt und muss die Beichte ablegen, Vater!", stößt Bruder Martin heiser hervor.

Der Priester greift nach einer scharfen Hacke und geht einer üppig wuchernden Distel im Beet an die Gurgel. „Es wäre heute bereits deine fünfte Beichte", gibt er dabei zu bedenken.

„Um Christi Gnade willen, gewährt mir das Sakrament der Beichte. Bitte, Vater!" Es klingt wie der Hilfeschrei eines Ertrinkenden. Die Verzweiflung steht Bruder Martin ins Gesicht geschrieben. Die Angst, die ihn vor nun sechs Jahren ins Kloster trieb, hat ihn noch immer fest im Griff. In Gott sieht er einen gnadenlosen Richter. Die Angst vor dessen Urteil lässt ihn nachts nicht schlafen. Er betet, fastet, büßt und tut gute Werke, aber er bleibt ein erbärmlicher Sünder. Zumindest in seinen eigenen Augen. Nach seinem Tod wird sich der Schlund der Hölle öffnen und ihn auf ewig verschlingen. Davon ist er felsenfest überzeugt.

❓ Johann von Staupitz

Johann von Staupitz (etwa 1470–1524) ist Luthers Beichtvater, väterlicher Freund und Förderer. Er gehört als Generalvikar der Augustiner zu den Ordensoberen. Der Sohn einer sächsischen Adelsfamilie ist hoch gebildet und baut ab 1502 im Auftrag von Kurfürst Friedrich dem Weisen die Universität von Wittenberg mit auf. 1512 gibt er seinen dortigen Lehrstuhl für Bibelwissenschaften an Luther ab.

Er unterstützt Luther in seiner Glaubenskrise, schließt sich dessen Reformbewegung jedoch nicht an, worüber Luther sehr traurig ist. 1521 wechselt Staupitz mit Genehmigung des Papstes ins Benediktinerkloster in Salzburg, wo er Abt wird.

Sämtliche Briefe, die Martin Luther an Staupitz geschickt hat, wurden von der katholischen Kirche im 17. Jahrhundert verbrannt.

Bruder Martin wird sich auch dieses Mal nicht vertrösten lassen, erkennt der Beichtvater. „Ade, mein Bockshornklee", brummt Staupitz kaum hörbar und verabschiedet sich mit Bedauern von seinen geliebten Küchenkräutern. Während er seine Gartenwerkzeuge in die Schubkarre legt, stellt er fest, dass Bruder Martin in der letzten Zeit noch dünner geworden ist. Der mittlerweile 28 Jahre alte Mönch fastet freiwillig weitaus mehr, als vorgeschrieben ist. Wie blass er ist! Wahrscheinlich hat er wieder einmal die ganze Nacht hindurch gebetet. Der Beichtvater macht sich mit dem vermeintlichen Sünder auf den Weg in die Kirche. Gerade eine Stunde ist seit Martins letzter Beichte vergangen. Und die dauerte quälende eineinhalb Stunden. Was den jungen Mönch bewegt, ist stets nicht der Rede wert. „Puppensünden!", hat er ihn bereits mehr als einmal gescholten und versucht, Martin begreiflich zu machen, dass Christus nur an echten Sündern interessiert ist. Aber vergeblich: Martin macht aus jedem Furz eine Sünde. „Es muss etwas geschehen, was Bruder Martin keine Zeit mehr zum Grübeln lässt", überlegt sich der Beichtvater bereits auf dem Weg in die Kirche. „Der junge Mann braucht eine neue Aufgabe!"

Nachdem sie im dunklen Kirchenschiff das Kreuzzeichen gemacht haben und Martin sich hingekniet hat, fragt der Beichtvater ergeben: „Was ist es denn dieses Mal?"

Martin bemüht sich nach bestem Wissen und Gewissen, Gott zu gefallen. All sein Sehnen strebt danach, dass seine Seele beim Jüngsten Gericht Gnade finde vor Gottes Angesicht. Mehr als jeder andere strengt er sich an. Aber innere Ruhe findet er dabei nicht. An diesem Tag fließen wieder einmal die Tränen.

Mit seinem Beichtvater Johann von Staupitz verbindet Luther eine lebenslange Freundschaft. Er weist Luther immer wieder auf Christus hin: „Man muss den Mann ansehen, der da heißt Christus. Das ist ein wirklicher Heiland für wirkliche Sünder."

"Ihr wollt zwölf Kegel treffen. Dabei stehen nur neun Kegel da", brummt Staupitz beschwichtigend. "Ihr seid einfach zu ehrgeizig."

Auch durch diese Worte lässt Bruder Martin sich nicht davon abbringen, weiter mit sich zu hadern. Selbst einen Heiligen würde er damit in die Knie zwingen! Die Gedanken des Beichtvaters schweifen ab. Trotz seiner quälenden Selbstzweifel – Bruder Martin ist ein heller Kopf. Nach seinem Mönchsgelübde haben seine Vorgesetzten ihn daher zum Priester geweiht und Theologie studieren lassen. Als Gastprofessor hat er sich in Wittenberg und Erfurt bereits gut bewährt. Er ist ein fähiger, verantwortungsvoller Mensch. Zudem ist er wortgewandt und geistreich. Was wäre der nächste Schritt für ihn? Staupitz beschließt, Bruder Martin vom Kloster in Erfurt ins Kloster nach Wittenberg zu versetzen und ihn den Lehr-

Oben: Das Beichtgeheimnis genießt hohen Schutz. Sagt ein Priester weiter, was er in der Beichte erfahren hat, wird er aus der Kirche ausgeschlossen. Beichtstühle wie dieser aus der Severikirche in Erfurt werden erst nach Luthers Zeit eingeführt.

Buße und Beichte

Fünf große „B" gehören zur Beichte:

Besinnen – das Gewissen erforschen
Bereuen – Reue über falsches Handeln oder Denken empfinden
Bessern – einen festen Vorsatz zur Besserung fassen
Bekennen – rückhaltlos dem Priester alle Sünden bekennen
Buße – beten oder handeln, wie es der Priester auferlegt

Links: Johann von Staupitz hilft Martin Luther, seinen Weg zu finden, er geht ihn aber nicht mit. Joseph Fiennes und Bruno Ganz in dem Film *Luther*, amerikanisch-britisch-deutsche Koproduktion 2003, Regie: Eric Till

stuhl an der dortigen Universität einnehmen zu lassen. Bei vier Vorlesungen an einem Tag wird er auf andere Gedanken kommen. Ja, das ist die Lösung. Gelobt sei Jesus Christus! Jetzt kann er wieder den Ausführungen des Verzweifelten folgen.

„Gott zürnt mir!", stößt Bruder Martin gerade mit gequälter Stimme hervor.

„Das ist nicht wahr", widerspricht ihm der Beichtvater ernst. „Ihr seid es, der Gott zürnt!"

Staupitz rät dem Mönch, die Bibel zu lesen. „Lies mit kühlem Kopf und heißem Herzen. Lies sie jeden Tag. Und wenn du meinst, den Sinn hinter den Worten verstanden zu haben, dann fang von vorne an. Stelle die Bibel in den Mittelpunkt deines Lebens. Tag um Tag um Tag. Das Wort Gottes wird dich erlösen!", verspricht von Staupitz dem Verzweifelten. Zu Luthers Zeit kennen die wenigsten Mönche und Priester die Bibel. Einzig der Augustinerorden stellt seinen Mönchen das Heilige Buch zur Verfügung. „Lies die lateinischen Texte, poliere dein Griechisch und lerne Hebräisch! Gehe zur Quelle, da wirst du alles finden, wonach du suchst."

Als sie die Kirche verlassen, erteilt er ihm den Auftrag, unverzüglich seinen Umzug in die kleine Universitätsstadt Wittenberg vorzubereiten. Und gibt damit den entscheidenden Anstoß, dass Martin endlich inneren Frieden findet.

Was Staupitz nicht ahnen kann: Der Stuhl des Papstes wird durch Bruder Martins in Wittenberg erworbene Seelenruhe gehörig ins Wanken geraten.

4

Das Turmerlebnis

>>> **Der Umzug nach Wittenberg** hat Martin Luder gutgetan. Die Arbeit mit den Studenten bereitet ihm Freude, ebenso seine Tätigkeit als Seelsorger und Prediger der Stadtkirche. Er ist inzwischen Doktor der Theologie und genießt mit seinen gerade mal 29 Jahren an der Universität hohes Ansehen. Vor einem Jahr hat ihm Staupitz die Professur für Bibelauslegung übertragen – ein Amt, dem er mit großer Leidenschaft nachkommt. Im Wittenberger Kloster ist er zum wichtigsten Mann hinter dem Vorsteher aufgestiegen.

Daher steht ihm auch das schöne Arbeitszimmer im Turm des Klosters zu. Im zweiten Stock, der Welt und dem Alltag enthoben. Wenn es im Kloster nach der letzten gemeinsamen Andacht – der Komplet – ruhig wird, zieht er sich gern hierher zurück, um sich in die Bibel zu vertiefen. Seine Arbeit verlangt ständige Beschäftigung mit Gottes Wort. Das Neue Testament ist für ihn eine Quelle großer Freude geworden. Es weist ihm durch Jesus Christus einen neuen Weg zu Gott.

In dieser Nacht lässt er wieder einmal die Worte des Paulus auf sich wirken. „Gerechtigkeit! Gottes Gerechtigkeit!", flüstert Luder

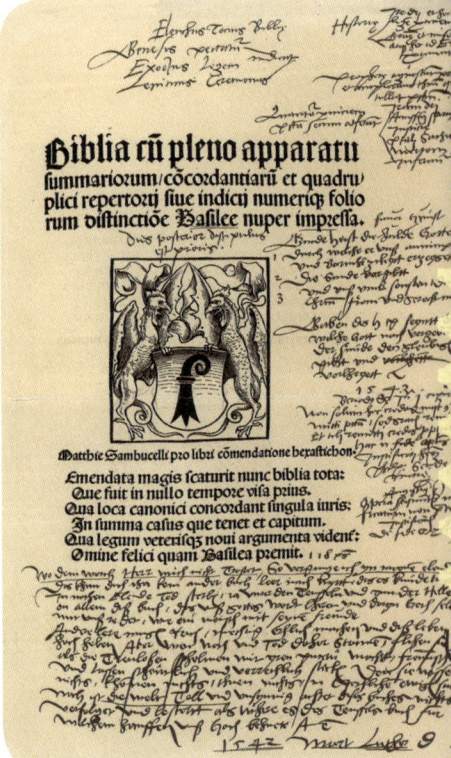

Titelblatt von Luthers Handbibel aus dem Jahr 1509, mit vielen eigenen Notizen versehen. In seinem Studium folgt Luther der Losung *ad fontes* – Zu den Quellen! – und beschäftigt sich mit den griechischen und hebräischen Urtexten der Bibel.

 ## Die Universität zu Wittenberg

In der 1502 durch Kurfürst Friedrich den Weisen gegründeten Universität in Wittenberg studieren Juristen, Theologen, Geisteswissenschaftler und Ärzte. 1513 bilden 44 Professoren 400 Studenten aus. Die Theologen haben ihren Hörsaal im Schwarzen Kloster. Als Aula und Kirche steht den Studierenden die Schlosskirche zur Verfügung. Deren Nordtür dient als Schwarzes Brett. Genannt wird die Uni Leucorea, was, wie Wittenberg, „weißer Berg" heißt. Zur Zeit Luthers entwickelt sich die Universität zum geistigen Zentrum der Reformation. Bedeutende Reformatoren wie Philipp Melanchthon, Andreas Bodenstein und Nikolaus von Amsdorf lehren hier.

Für Luther war die Entwicklung zu seiner Position ein langer Prozess. Das geht uns doch allen so: dass manche Dinge Zeit brauchen, sich zu entwickeln. Und auf einmal weißt du: "So ist es richtig."

Margot Käßmann

Das Schwarze Kloster in Wittenberg dient den Augustinermönchen als Schlafstätte und Ausbildungszentrum. Über 30 Jahre wohnt Luther hier.

und versinkt in Meditation. Durch das Fenster fällt etwas Mondlicht in seine Studierstube. „Der Gerechte wird aus Glauben leben!", wiederholt er, was er soeben im Brief des Paulus an die Römer gelesen hat. Hinter diesen Worten steht ein geheimer Sinn, der sich Luder einfach nicht erschließen will. Schon seit Tagen nicht. Ich brauche eine Pause, beschließt er nach einiger Zeit und erhebt sich von seinem Stuhl.

Es gibt noch einen weiteren Grund, warum sich Luder so gern im Turmzimmer des Schwarzen Klosters aufhält. Die Kloaka – das Klo – ist in nächster Nähe. Und da er seit den vielen Fastentagen, die er sich als Novize im Erfurter Kloster auferlegt hat, unter hartnäckiger Verstopfung leidet, ist dies ein Ort, den er weit häufiger aufsuchen muss, als ihm lieb ist. „Wie ein verdammter Büßer kommt man sich vor", flucht er, als er sein Hinterteil entblößt. Während er auf dem kalten Stein sitzt, wandern seine Gedanken zurück zu der Bibelstelle, die er soeben im Turmzimmer gelesen hat. Gottes Gerechtigkeit, darum ging es in Paulus' Brief. Die Gerechtigkeit Gottes – nichts fürchten Luder und die Gläubigen seiner Zeit mehr. Denn wenn Gott wirklich gerecht ist, dann muss er die Menschen nach ihrem Tod bestrafen. Mit Hölle und Fegefeuer. Er kann gar nicht anders. Denn Mensch sein heißt, Sünden zu begehen. Und Gott hasst Sünder. Kein Wunder, dass es Menschen gibt, die hoffen, man könne sich durch den Kauf eines Ablassbriefes im Handumdrehen von seinen Sünden reinwaschen. Ohne zu büßen, ohne Einsicht, ohne sein fehlerhaftes Verhalten zu korrigieren. Erst gestern hat er sich über einen solchen Dummkopf empört. Er hat einen Mann aus seiner Gemeinde – den Schmied, den grobschlächtigen Kerl – gefragt, warum er nicht mehr zur Beichte komme. Schon drei Wochen habe der Sünder nicht mehr ehrlich bereut. Da antwortete der mit einem zufriedenen Grinsen: „Ich muss das ganze nächste Jahr über nicht mehr in der Kirche vorbeischauen, wenn ich nicht mag." Zur Erklärung zog er einen Ablassbrief aus der Tasche, den er von dem

bekannten Ablassprediger Johann Tetzel in der Nachbarstadt Jüter-
bog erstanden hatte.

„Da, seht selbst. Hier steht, dass meine Seele im Nu aus dem
Fegefeuer springt. Ohne langes Beten und Beichten, wie Ihr es einem immer aufbrummt. Hat mich ein schönes Sümmchen Geld ge-
kostet, aber das ist es wert." Zufrieden streicht der Mann über das
in lateinischer Sprache verfasste Schreiben. „Mit Verlaub, der Herr
Johann Tetzel ist ein viel besserer Seelsorger als Euer Hochwürden!", setzt er noch nach.

Als Luder protestiert: „Aber ohne echte Buße ist dein Brief keinen Pfifferling wert!", hält der Schmied ihm triumphierend den mit
einem Siegel versehenen Brief unter die Nase: „Könnt Ihr lesen,
Hochwürden? Hier steht: vollkommener Ablass! Und hier – das
Siegel des Erzbischofs von Mainz. Wenn mich nicht alles täuscht,
ist das Euer Dienstherr!"

In Wittenberg hat Martin Luther durch sein Bibelstudium begriffen: Ich muss überhaupt keine Angst
haben vor Gott. Gott will mich gar nicht strafen. Im
Gegenteil: Gott liebt mich! Obwohl ich ständig Fehler
mache. Das war eine riesige Befreiung für ihn. Die
Angst hatte Luther verlassen.   Margot Käßmann

Körperteilen von Heiligen und Gegenständen, die Heilige berührt haben sollen, spricht man eine schützende und heilende Wirkung zu. Im Mittelalter werden mit diesen Reliquien (lat.: Überbleibsel) zahlreiche Wunder verbunden.

Und schon ist der einfältige Tropf zufrieden seiner Wege gegangen.

In Luders Gedärmen entsteht ein empörter Aufruhr. Die Ablassbriefe erfüllen ihn mit heiligem Zorn. Die Gläubigen werden für dumm verkauft. Und tragen am Ende den Schaden davon. „Wie stehen sie denn nach ihrem Tod da – vor Gott?", erzürnt sich Luder. „Mit Tetzels läppischen Zetteln. Gott sieht doch in ihr Herz. Er weiß doch, dass ihre Reue nicht echt ist, sondern nur erkauft. Gottes Gerechtigkeit", ruft er in äußerster Erregung aus, „erlangt man nur durch …" Bevor er den Satz vollenden kann, stellt sich endlich das ein, worauf er seit vier Tagen vergeblich gewartet hat: Erleichterung. Und in den befreienden Vorgang hinein brüllt er wie von Sinnen: „Barmherzigkeit! Barmherzigkeit!"

Mit einem Donnerschlag fühlt er sich, als wäre er neu geboren. Er wird von der Erkenntnis durchflutet, dass Gott barmherzig und den Menschen zugetan ist. Sein langes Ringen um die Wahrheit – endlich hat es ihn ans Licht geführt. Der Paulusbrief hat ihm die Augen geöffnet. Als er den Abort schließlich taumelnd verlässt, ist es, als würde er durch offene Pforten ins Paradies einziehen. Endlich hat er die Botschaft des Evangeliums verstanden: Nicht durch Leistung, Buße und die Kirche erlangt man Gottes Gnade, sondern einzig und allein dadurch, dass man an Gott glaubt. Nicht durch Fasten, Beichten, Beten oder sonstige Opfer und Anstrengungen. Sondern allein durch den Glauben an den barmherzigen Gott, der die Menschen mit all ihren Stärken und Schwächen liebt.

Wenig später wandelt Bruder Martin seinen Nachnamen Luder in „Luther" um. Das kommt von der lateinischen Form des Vornamens Eleutherius und bedeutet – „der Befreier".

5

Die Thesen

>>> **Das Erlebnis im Turm** des Schwarzen Klosters zu Wittenberg macht Martin Luther zu einem neuen Menschen. Die Gewissheit, dass Gott ihn liebt, verlässt ihn nie mehr. Er liest die Bibel Vers für Vers neu. Mit weit geöffneten Augen. Wie ein Blinder, der plötzlich sehen kann, kommt er sich vor. Es steht ja alles da – Wort für Wort. Wie sehr Gott die Menschen liebt. Gottes Liebe hört nimmer auf – dieses Bibelwort macht ihn an manchen Tagen regelrecht besoffen. Voller Freude begrüßt der Augustinermönch jeden neuen Tag. Wie reich doch Gottes Gaben sind! Seine Schöpfung ist voller Wunder.

„Gott ist ein glühender Backofen voller Liebe, der da von der Erde bis an den Himmel reicht", ruft er von der Kanzel den Gläubigen zu.

Umso größer wird seine Wut auf alle, die mit Gottes Liebe Geschäfte treiben. Wenn doch nur alle Menschen lesen könnten! Wenn es die Bibel doch nur in deutscher Sprache gäbe! Dann könnten Ablassprediger wie Tetzel, dieser Marktschreier, den Leuten kein X mehr für ein U vormachen. Dann könnte jeder Christ selbst die Wahrheit erkennen. Luther ist beseelt von dem einen Wunsch: dass jeder Mann, jede Frau und jedes Kind Gottes Liebe erleben kann. So wie er.

„Der Ablasshandel muss ein Ende haben!" Die Erkenntnis dröhnt tagsüber in seinem Kopf, hämmert nachts gegen seine Schläfen, spukt noch durch seine Träume. Und da beschließt er, selbst die Veränderung anzustoßen, die er sich von der Kirche wünscht. Er wählt dabei den Weg, auf den er sich dank seiner wissenschaftlichen Arbeit an der Universität am besten versteht: den Weg des

Luther hat seine Thesen veröffentlicht, weil er sich geärgert hat, dass in seiner Zeit die Kirche erklärte: „Wenn du der Kirche Geld bezahlst, dann ist alles Schlechte, was du gedacht oder getan hast, vor Gott vergeben." Aber als er die Bibel las, stellte er fest: Die Kirche hat da etwas erzählt, was so nicht in der Bibel steht. Und dann hat er beschlossen, das System öffentlich infrage zu stellen.

Margot Käßmann

„Wenn das Geld im Kasten klingt, die Seele aus dem Feuer springt" – mit solchen Versprechungen bringen Ablassprediger die kostspieligen Freibriefe an den Mann. Für Luther ein unerträglicher Schwindel.

Thesen

In seinen Thesen zieht Luther gegen das Geschäft mit dem Ablass – also der Verkürzung der Zeit, die eine Seele im Fegefeuer Läuterung erfährt – zu Felde. Einige Beispiele:

These 27: Eine falsche Lehre predigen die, welche sagen, dass, sobald der Groschen im Kasten klingt, die Seele aus dem Fegefeuer auffahre.

These 32: Wer durch Ablassbriefe meint, seiner Seligkeit gewiss zu sein, der wird ewiglich verdammt sein samt seinen Lehrmeistern.

These 86: Warum erbaut der Papst, dessen Vermögen heute fürstlicher ist als das der reichsten Geldfürsten, nicht lieber von seinen eigenen Geldern wenigstens diese eine St.-Peters-Kirche?

Wortes. „Ich lade die Kollegen von der Universität einfach zu einer Disputation ein!" So setzt er sich hin und bringt seine Ansichten zu Papier. Schon seit Langem hat er sich mit dem Thema Buße beschäftigt. Fast hundert triftige Argumente gegen den Ablass fließen ihm sogleich aus der Feder. Das Papier mit diesen 95 Thesen schreibt sich wie von allein.

„Man soll die Christen ermutigen, dass sie lieber darauf trauen, durch viele Trübsale ins Himmelreich einzugehen, als sich in falscher geistlicher Sicherheit zu beruhigen." Mit diesem klaren Satz beschließt er sein Thesenpapier. „Man darf es sich als Christ nun mal nicht zu einfach machen. Amen", murmelt er zufrieden, während er sich vom Schemel erhebt, den Federkiel zurück in das Tintenfass wirft und schon auf dem Weg in die Druckerei ist.

„Hammer! Nägel!", ruft er voller Tatendrang, als der Drucker ihm wenige Stunden später den Plakatdruck der Thesen in seine Studierstube bringt. Gleich macht er sich auf die Suche nach dem Hausmeister der Universität. Aber dann ist er so voller Eifer, dass er sich lieber selbst daranmacht, das eng beschriebene Blatt an die Tür der Schlosskirche von Wittenberg zu nageln, wo es jeder sehen kann. An das Schwarze Brett der Universität, neben die vielen anderen Anschläge, die dort schon hängen.

Nach getaner Tat schlendert er zufrieden zurück in seine Studierstube. Gespannt wartet er auf Reaktionen. Welcher Kollege wird sich mit ihm auf den Kampfplatz wagen? Seine Thesen sind so eindeutig und zwingend – an ihnen kommt keiner vorbei. Da ist er sich sicher. Er wird die unchristliche Geldmacherei durch die eindeutigen Aussagen der Bibel und die Klarheit seiner Argumente aus der Welt schaffen. Zumindest in Wittenberg soll das Licht der Erkenntnis die christlichen Gemüter erhellen.

Doch nichts passiert. Luther wird unruhig. Er liest sich das Papier noch einmal durch. Merkwürdig, dass es keinen von seinen Kollegen zu interessieren scheint. Haben die denn das Lesen verlernt? Er hat seine Thesen auch an befreundete Gelehrte im weiteren Umkreis versandt. Auch von ihnen – keine Reaktion. Er hat laut und deutlich in den Wald hineingerufen, aber es schallt nichts zurück. Was ist denn da los?

Missstände in der Kirche

Luther kritisiert nicht nur den Ablasshandel. Auch andere Missstände prangert er an:

- Zu seiner Zeit sind die Geistlichen oft schlecht ausgebildet und kümmern sich kaum um die Nöte der Gläubigen. Viele haben einen protzigen und sittenlosen Lebensstil. Sie haben verbotenerweise Geliebte und oft auch Kinder.
- Die höheren Kirchenämter werden an den Meistbietenden verkauft.
- Die Kirche verkauft gefälschte Reliquien und Ablassbriefe. Um an Geld zu kommen, macht sie den Gläubigen Angst vor den Strafen Gottes, z. B. vor dem Fegefeuer.

Luther ist nicht der erste und nicht der einzige Theologe, der Reformen fordert. Und auch die deutschen Fürsten verfassen im 15./16. Jahrhundert Beschwerdeschriften – Gravamina – gegen diese Missstände und senden sie an den Papst.

Und dann – von einem Tag auf den anderen – wird Luthers Leben völlig auf den Kopf gestellt. Überrumpelt erfährt er, dass seine Thesen bereits seit Tagen überall diskutiert werden. Mit großer Leidenschaft. Von einfachen Leuten wie von Gelehrten. Von Priestern wie von Fürsten. Ohne sein Zutun ist sein Papier ins Deutsche übersetzt und tausendfach nachgedruckt worden. Rasend schnell haben sich seine Thesen in jedem Winkel der deutschen Länder verbreitet. Über Nacht ist Luther berühmt geworden. In weiteren Schriften erläutert er seine Ideen. Die Zustimmung ist überwältigend. Hier spricht zum ersten Mal einer aus, was alle denken. In einer Sprache, die alle verstehen. Belegt durch die Heilige Schrift auf eine Weise, die alle nachvollziehen können. Endlich legt jemand seinen Finger auf die offensichtlichen Missstände der Kirche!

In der christlichen Welt gibt es stürmische Diskussionen. Im Reich kommt etwas in Bewegung. Erneuerung! Reformation! Aufbruch! Es ist, als hätte der kleine Augustinermönch in Wittenberg eine Lunte gezündet, die im ganzen Reich Erschütterungen auslöst. Die Bibel wird nun auch von anderen Gelehrten neu gelesen. Wie ist sie zu verstehen? Plötzlich erwartet jeder von Luther Antworten.

Der 31. Oktober wird heute als Reformationstag gefeiert. Die Tür der Schlosskirche von Wittenberg, an die Luther an diesem Tag im Jahr 1517 seine Thesen gegen den Ablasshandel anschlug, war damals aus Holz und diente der Universität als Mitteilungstafel.

❓ Buchdruck

Johannes Gensfleisch, genannt Gutenberg, erfindet um das Jahr 1450 ein Druckverfahren, das es ermöglicht, umfangreiche Schriftsachen erstmals schnell und kostengünstig zu vervielfältigen. Die Erfindung ist die Voraussetzung für die Ausbreitung der Reformation. Sie ist für die Zeit so bahnbrechend wie für uns heute das Internet. Luther nutzt das Medium intensiv zur Verbreitung seiner Lehre.

Der Buchdruck spielt eine wichtige Rolle bei der Verbreitung von Luthers Lehre. Rund ein Drittel der gesamten deutschsprachigen Buchproduktion entfällt damals auf seine Schriften.

Und er gibt sie. Luther hat mit dem Anschlag der Thesen seine Lebensaufgabe gefunden. Er weiß jetzt, wie er Gott am besten dienen kann: mit dem Wort.

Der Ablasshandel kommt überall dort, wo man Luthers Schriften liest, zum Erliegen. Aus dieser Quelle fließt aus Deutschland bald kaum mehr Geld nach Rom. So wird dann auch Papst Leo X. auf diesen Doktor Martin Luther aus dem 2000 Einwohner zählenden Ort Wittenberg aufmerksam. Luther hat Wind gesät. „Er wird einen Sturm ernten, der ihn von der Kanzel bläst", verspricht der Heilige Vater der Kurie.

Zu diesem Zeitpunkt ahnt niemand, dass der Sturm zu einem alles verzehrenden Orkan anschwellen soll.

In der Zeit, in der Luther lebte, war die Unzufriedenheit mit der Kirche groß. Die Kirche hat mit einem Lebensstil im Luxus geprasst – mit viel Essen und tollen Kirchen. Sie hat sich selbst nicht an die Richtlinien gehalten, die sie den Gläubigen vorschrieb. In Luthers Zeit haben sich viele Menschen über die Kirche geärgert. Und als Luther kam, haben die Leute gesagt: „Der Mann hat Recht!"

Margot Käßmann

6

Die Bannbulle

▷ ▷ ▷ Übermütig wie beim Ausschank von Freibier ziehen die Studenten am frühen Morgen des 10. Dezember 1520 durch die engen Gassen Wittenbergs. Strohbündel und Holzscheite tragen die einen, Bücher die anderen. „Zum Schindanger ziehen wir. Vor die Stadt. Zum Elstertor hinaus!", rufen sie denen entgegen, die wissen wollen, was hier geschieht. „Doktor Martin wird dort die Bulle des Papstes verbrennen. Und noch weitere Schriften dieser Hurenkirche!"

Schon kurz nach Luthers Thesenanschlag fangen die päpstlichen Mühlen mit großem Knirschen an zu mahlen. Ein kirchliches Verhör jagt das Nächste. Luthers Beichtvater schließt ihn aus dem Augustinerorden aus – damit er seine Thesen frei von seiner Gehorsamspflicht vertreten kann. Die Kirchenoberen versuchen es mit allen Mitteln, aber es gelingt ihnen nicht, Luther zum Schweigen zu bringen. Er will und will nicht widerrufen. Da können sie sich auf den Kopf stellen. Schließlich fordert Rom seine Auslieferung. Hät-

? Sola fide

Kernpunkt von Luthers Lehre ist, dass wir Gottes Liebe nicht mit unseren guten Werken *erwerben,* sondern allein durch seine Gnade (sola gratia) *geschenkt* bekommen. Diese Liebe begegnet uns in Jesus Christus (solus christus). Sie bedarf keiner Vermittlung durch einen Priester, wie es die katholische Kirche lehrt. Gottes Liebe einfach anzunehmen, also zu glauben, reicht (sola fide). Gute Werke werden deshalb noch lange nicht überflüssig. Doch statt *Vorbedingung* für die Gnade sind sie nun deren *Folge.* Man könnte auch sagen: eine Art „Dankeschön".

Philipp Melanchthon

Philipp Melanchthon wird 1497 in Bretten geboren. Schon als 12-Jähriger besucht der begabte Schüler die Universität von Heidelberg. 1518 wird er Professor für griechische Sprache an der Wittenberger Universität. Großen Erfolg hat der Universalgelehrte als Autor. Luther und Melanchthon arbeiten eng zusammen und werden gute Freunde. „Ich würde lieber sterben, als von diesem Manne getrennt zu sein", sagt Melanchthon selbst dazu. Luther lobt ihn mit den Worten: „In meinem ganzen Lehramt achte ich nichts höher als den Rat Philipps." Gemeinsam entwickeln sie die reformatorische Lehre und verfassen zahlreiche Schriften. Melanchthon vertritt die Sache der Reformation immer dann, wenn Luther verhindert ist. Um den hochgeschätzten Professor zu halten, errichtet der sächsische Kurfürst für Melanchthon und seine Familie ein standesgemäßes Haus in Wittenberg, wo dieser 1560 stirbt.

te der sächsische Kurfürst Friedrich der Weise nicht seine schützende Hand über seinen Untertan gehalten – Luther wäre längst nicht mehr am Leben. So brennen bislang nur seine Bücher auf dem Scheiterhaufen.

Jeder in Wittenberg weiß, dass der Papst Luther eine allerletzte Frist gesetzt hat. Sechzig Gnadentage hatte Luther Zeit. Nun ist die Frist abgelaufen. Widerruft er heute nicht, dann gilt er als Ketzer und wird aus der Kirche verbannt. Würde Luther die Bannandrohungsbulle wirklich verbrennen? Und dann noch auf dem Schindanger? Dort, wo man sonst Tierkadaver verscharrt? Und die Leichen der Gehenkten? Hatte er wirklich so wenig Respekt vor dem Papst?

Vor dem Elstertor ist der Scheiterhaufen für das päpstliche Schreiben bereits errichtet. Auch Luther steht schon da. Während um ihn herum alles in Bewegung ist, scheint er selbst ganz ruhig. Als sei er nur zum Zuschauen gekommen. Einige werfen unter dem Gejohle der Menge bereits die ersten Kirchenschriften in die Glut. Die Funken stieben.

> Luther war kein Einzeltäter. Er hatte Freunde um sich herum. Dazu gehörten auch Frauen. Vor allem Melanchthon, der ihm sehr geholfen hat, vieles zu verstehen und zu vermitteln.
>
> Margot Käßmann

Evangelium Lucæ am xvi Cap.

> Luther war als junger Mann in Rom. Und war schockiert über den Prunk und Protz, den er da sah.
>
> Margot Käßmann

„Da gehen Band vier, fünf und sechs des Kirchenrechts in Flammen auf!", sagt Philipp Melanchthon zu Luther und legt ihm freundschaftlich den Arm auf die Schulter. „Bücher, die einzig und allein zu dem Zweck verfasst wurden, die Kirche reich zu machen und die Macht des Papstes zu stärken."

„Schon sind sie zu Asche geworden", sagt Luther und schaut fast ein wenig ungläubig in die Glut.

Melanchthon ist Luthers wichtigster Mitstreiter an der Universität. Der unerschrockene Luther ist sein großes Vorbild. Und inzwischen auch sein Freund. Seite an Seite mit ihm zu kämpfen, um der Wahrheit zu ihrem Recht zu verhelfen – das ist zu seiner Berufung geworden.

Über den Verfall der Sitten in Rom sagt Luther erschüttert: „1510 bin ich in Rom gewesen, wo des Teufels Stuhl ist. Ich sah das Menschenmögliche an Aberglauben und Treulosigkeit." Vielen Priestern geht es nicht um Frömmigkeit, sondern um Macht, Ansehen und ein angenehmes Leben.

„Als ich ins Kloster eintrat, hielt ich den Papst für den frommsten Mann auf Erden", sagt Luther bitter. „Gehorsam hab ich ihm geschworen. Und meinte das auch. Wie ein gutes Kind seinem Vater – so war ich ihm ergeben. Betend und singend bin ich nach Rom gepilgert. Zu Fuß, im Winter, über die Alpen. Zwei Monate dauerte es, bis ich dort ankam."

Rom war der reinste Rummelplatz. Echte Frömmigkeit suchte man dort vergebens. An jeder Ecke wurden Andenken und Ablassbriefe verhökert. Marktschreierisch versprachen die Priester Erlösung gegen bare Münze. Gottes Gnade wurde vor jeder Kirche verramscht. Die Pilger sind eine nie versiegende Einnahmequelle für den Papst. Kaum einer verlässt Rom, ohne seine gesamten Ersparnisse zurückzulassen. Jetzt muss sich Luther beim Gedanken an seine Pilgerreise schütteln.

„Ich Simpel erstand damals selbst einen Ablassbrief. Um meinen armen Großvater aus dem Fegefeuer zu befreien. Und bedauerte insgeheim, dass meine Eltern noch am Leben waren. Denn

Albrecht II. von Brandenburg, der Erzbischof von Magdeburg, hat sich vom Bankhaus Fugger Geld geliehen, um sich zusätzliche kirchliche Ämter zu kaufen. Damit er das geliehene Geld zurückzahlen kann, lässt er mit Erlaubnis des Papstes Ablassbriefe verkaufen. Der Erlös geht zur Hälfte nach Rom und wird dort für den Ausbau des Petersdoms, des größten Gotteshauses der Welt, verwendet. Die andere Hälfte füllt die eigenen Taschen. Albrechts erfolgreichster Verkäufer von Ablassbriefen ist der Dominikanermönch Johann Tetzel. Dessen fragwürdige Verkaufsmethoden ärgern Luther ganz besonders.

die hätte ich bei der Gelegenheit gern gleich mit erlöst. Was für ein Dummkopf ich doch war!", entfährt es ihm.

„Sei nicht so streng mit dir!", beschwichtigt ihn Melanchthon. „Du hast alles dafür getan, damit der Ablassschwindel endet."

„Als ich die Thesen an die Schlosskirche schlug, dachte ich tatsächlich, der Papst würde mir für meine Mühe danken. Gemeinsam mit ihm wollte ich kämpfen. Ihm musste doch das Seelenheil der Christenheit am Herzen liegen!" Luther schlägt sich wütend gegen die Stirn. „Damals durchschaute ich noch nicht das große Geschäft, das sich hinter allem verbirgt", bricht es aus ihm heraus. „Man will mich einfach nur mundtot machen!", ruft er zornig aus und zieht entschlossen das Schreiben mit dem päpstlichen Siegel aus seiner Kutte.

Von einem Augenblick auf den anderen ist es auf dem Schindanger seltsam still. Alles hält inne, blickt gespannt zu ihm hinüber.

„Hinein damit ins Feuer!", sagt Luther laut und vernehmlich und wirft das Schreiben in die Glut. „Weil Du getilgt hast die Wahrheit Gottes, so tilge Dich heute der Herr." Mit diesem Wurf riskiert er alles, sogar sein Leben. Der Bruch mit dem Papsttum ist nun besiegelt. Jetzt steht nichts und niemand mehr zwischen Luther und seinem Gott.

> Als der Papst gesagt hat, du fliegst aus der Kirche, wenn du nicht machst, was ich sage, hat Luther geantwortet: „Du, Papst, kannst mir gar nichts sagen. Ich muss mich nur gegenüber Gott verantworten."
>
> Margot Käßmann

Gott helfe mir

▶ ▶ ▶ In den Gassen von Worms herrscht ein einziges Gedränge und Geschiebe. Kaufleute, Reisende, Wanderhuren, Diebe und weiteres Gesindel sind wegen des Reichtags in die Stadt geschwappt.

Kaiser Karl V. ist in die Stadt gekommen, um gemeinsam mit den Fürsten seines Reiches neue Gesetze zu erlassen. Sie platzt wegen der Zusammenkunft der hohen Herren aus allen Nähten. Was auch an dem großen Gefolge der Würdenträger liegt. Herzog Johann von Sachsen hat dreihundert Ritter bei sich, Herzog Wilhelm von München wird von vierhundert begleitet. Der Landgraf von Hessen überbietet sie alle. Er beansprucht Stallung für sechshundert Pferde.

Aber da kann er lange suchen. In allen Ställen von Worms schlafen Besucher. Dicht gedrängt wie in Heringsfässern. Nicht der kleinste Unterschlupf ist noch zu bekommen.

Sogar der Gesandte des Papstes, Hieronymus Aleander, muss in einer jämmerlichen Kammer ohne Ofen hausen. Die Feuchtigkeit zieht durch alle Ritzen. Er erträgt das alles. Auch den Dreck in seiner Stube und sogar die Flöhe in seinem Bettsack. Denn er hat einen wichtigen Auftrag: Er soll dem Schurken Luther, der auf den Reichstag vorgeladen wurde, das Handwerk legen. Der abtrünnige Mönch könnte die Christenheit spalten. Das gilt es zu verhindern.

Die Deutschen machen dem päpstlichen Gesandten die Aufgabe nicht leicht. Luthers Reise gleicht eher einem Triumphzug als einem Bußgang. Auf dem ganzen Weg strömt ihm das Volk zu. So melden es Aleanders Spitzel von der 600 Kilometer langen Reiseroute zwischen Wittenberg und Worms. Überall lässt man ihn in den Kirchen predigen. In Erfurt, wo er einst studiert und gelehrt hat, wäre fast die Empore eingestürzt, so überfüllt war die Kirche, als Luther sprach.

Luthers Botschaft verbreitet sich in Windeseile. Immer neue lutherische Schriften regnet es. In Worms wird nichts anderes ver-

Der erst 21 Jahre alte deutsche Kaiser Karl V. spricht und versteht kein Wort Deutsch. Er sieht seine Lebensaufgabe darin, die Papstkirche zu erhalten.

Luther war ein absoluter Bestseller-Autor. Etwa ein Drittel von allem, was auf Deutsch in der ersten Hälfte des 16. Jahrhunderts veröffentlicht wurde, kam aus Luthers Feder.

Margot Käßmann

Das Titelbild von Luthers Schrift *Sermon von Ablass und Gnade*, 1518 erschienen. In dieser Schrift legt Luther seine Kritik am Ablasshandel noch einmal verständlich dar. Sie findet riesige Verbreitung.

Als Luther in Worms eintrifft, strömt ihm das Volk begeistert zu. „Gott wird mit mir sein!", ruft er unter dem Applaus der Menge.

kauft als die Schriften des streitbaren Augustinermönchs. Mit Luther kann man Kasse machen. Besonders die Flugblätter, die den Papst als Dudelsack spielenden Esel darstellen, finden reißenden Absatz.

Luther muss widerrufen. Vor Kaiser und Reichstag. Vor der ganzen Welt. Man muss ihn zwingen. Sonst entsteht ein Flächenbrand, den keine Macht auf Erden mehr löschen kann.

Aleander ist peinlich genau auf Luthers Eintreffen in Worms vorbereitet. Über den Beichtvater Karls V. redet er dem erst 21-jährigen Kaiser ins christliche Gewissen. Mit durchschlagendem Erfolg. Das Urteil über Luther wurde von Aleander bereits zu Papier gebracht und befindet sich am Hof des Kaisers. Dass über Luther in Worms der Bann verhängt wird, wenn er nicht widerruft, ist sicher. Mit etwas Glück landet der vermaledeite Ketzer nach seinem Verhör vor dem Reichstag direkt auf dem Scheiterhaufen.

„Der Herr hat mich im Hintern mit großen Schmerzen geschlagen!", schreibt Martin Luther an seine Freunde in Wittenberg. Er leidet auf der holprigen Fahrt nach Worms unter Verdauungsproblemen. Wieder einmal.

Nachts findet er deswegen kaum Schlaf. Aber noch etwas anderes hält ihn wach: die Frage, wie es sein wird, vor all den Mächtigen zu stehen. Allein und zitternd, in seiner schlichten Kutte. Wird er es schaffen, Gottes Sache würdig zu vertreten? Wird seine Stimme laut genug sein? Er ist nicht gerade mit einem dröhnenden Bass gesegnet. Werden wenigstens seine Worte stark genug sein? Wenn die Angst vor Kaiser und Reichstag in ihm hochkriecht, dann faltet er die Hände. Und schon ist sie wieder da: die Gewissheit, dass Gott bei ihm ist.

Er hat keinen Zweifel, dass er von Gott nach Worms gerufen wurde. Das nimmt ihm die Angst. „Wenn so viel Teufel in Worms wären wie Ziegel auf den Dächern, wollt ich doch hinein", schreibt er an einen Freund.

Als am 14. Tag nach Luthers Aufbruch aus Wittenberg Trompeten vom Turm des Doms verkünden, dass Luther in der Stadt eintrifft, setzt ein hastiges Rennen ein. Alles eilt zum Stadttor, um den berühmten Mann zu sehen.

2000 Menschen umringen den Wagen. Das Gedränge ist beängstigend. Luther gelingt es kaum, abzusteigen. Als seine Füße schließlich fest auf Wormser Boden stehen, ruft er unter dem Applaus der Menge: „Gott wird mit mir sein!"

Das Gejohle und Getrommel ist groß. Die Hoffnung der Menschen in diesen schmächtigen Mönch wächst in den Himmel, weicht aber schon am folgenden Tag großer Ernüchterung. Als Luther dann nämlich vor den Kaiser und seinen Reichstag tritt, wirkt er vom Glanz der hohen Herrschaften eingeschüchtert. Man kann ihn kaum verstehen, als er spricht. Auf die Frage, ob er widerrufen wolle, schweigt er quälend lange Zeit. Dann bittet er um Bedenkzeit. „Damit ich die rechte Antwort auf die Frage geben möge", setzt er nach. Dem Sprecher des Kaisers platzt daraufhin fast der Kragen. Als hätte der verlauste Mönch nicht Zeit genug gehabt, sich zu bedenken! Aber nun gut, Gnade vor Recht, der Kaiser bewilligt noch einen weiteren Tag zur Vorbereitung. „Du sollst morgen um die gleiche Stunde wieder erscheinen", fährt er Luther an. Dann löst sich

Luthers Vorladung nach Worms durch Kaiser Karl V. Dem streitbaren Mönch wird nach der Anhörung freies Geleit für die Rückkehr nach Wittenberg zugesichert. Aber wird der Kaiser sein Versprechen auch halten?

> Luther war ein mutiger Mann. Aber ihm haben auch die Menschen Mut gemacht. Die haben darauf gewartet, dass endlich mal einer den Mund aufmacht.
>
> Margot Käßmann

36

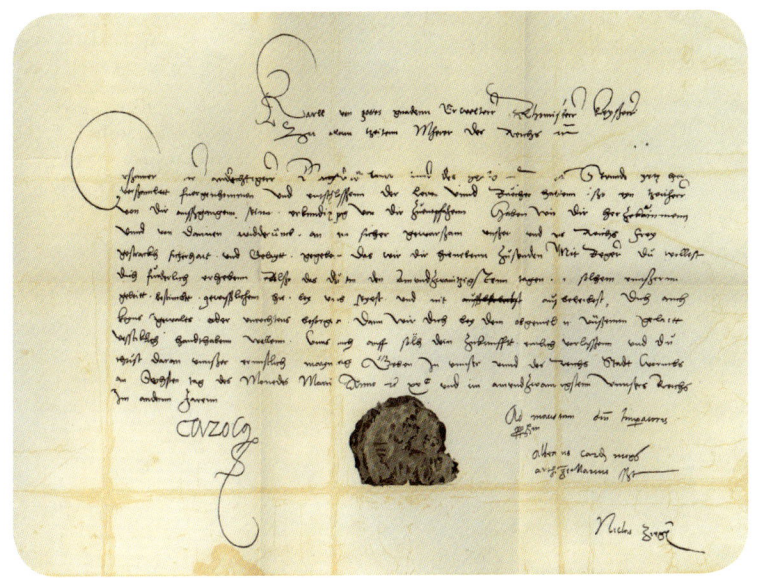

die Versammlung der Fürsten auf. Luthers Sache scheint verloren. Da hat sich einer, laute Töne spuckend, in die Höhle des Löwen vorgewagt. Und jetzt schnürt ihm die Angst die Kehle zu.

Schneller, als Luther lieb ist, naht der mit großer Spannung erwartete Moment. Jetzt gilt's. Martin Luther spricht vor dem Reichstag. Die Stadt Worms wirkt wie ausgestorben.

Kaiser Karl V. ist mit 145 Grafen, 31 Fürsten, 50 Bischöfen, 83 Prälaten und den Vertretern der Reichsstädte im Bischofshof hinter dem großen Dom zusammengetreten. Der Saal ist von Fackeln erhellt. Und völlig überfüllt. Keiner der Würdenträger rührt sich. Die hohen Herren lauschen der Rede des hageren Mönchs in der schlichten schwarzen Kutte.

Kurfürst Friedrich von Sachsen ist auf Luthers Seite, aber mit keiner Miene verrät der alte Fuchs seine Gedanken.

38 Jahre ist Luther nun alt. Das harte Leben der Mönche hat tiefe Furchen in seinem Gesicht hinterlassen. Aber seine dunklen Augen leuchten. Er, der noch am Tag zuvor verzagt um Bedenkzeit bitten musste, legt nun aufrecht und mit klarer Stimme seinen Standpunkt dar. Darauf, dass er widerruft, warten die Zuhörer vergeblich.

„Wenn ich überzeugt werde, geirrt zu haben, werde ich bereitwillig alle Irrtümer widerrufen; dann werde ich der Erste sein, der meine Bücher ins Feuer wirft", sagt er stattdessen.

Während Luther spricht, liegt Stille über dem Saal, bleiern und undurchdringlich. Obwohl sich vor der Tür des Hofes Hunderte

Der Wormser Dom ist das Wahrzeichen der Stadt. Am 16. April 1521 gegen 10 Uhr morgens meldet der Turmwächter mit Trompetenstößen Luthers Ankunft.

Wenn wir heute Schriften von Luther lesen, dann denken wir an einen sehr sprachmächtigen Mann. Luther hatte jedoch wahrscheinlich keine tiefe Donnerstimme, wie wir immer meinen, sondern eher eine hohe Fistelstimme.

Margot Käßmann

von Menschen drängen, dringt auch von außen kein Laut in den Versammlungssaal. Es ist, als hielte die ganze Stadt vor Spannung den Atem an.

Es ist nicht zu übersehen, dass Martin Luther auf alle Anwesenden großen Eindruck macht. So hat sich das Hieronymus Aleander ganz und gar nicht vorgestellt. Empört blickt sich der päpstliche Botschafter im Saal um. Er spürt giftige Galle in sich hochsteigen. „Dieser Schurke will einfach nicht Vernunft annehmen. Möge Gott wenigstens die Fürsten auf dem rechten Weg des Glaubens erhalten", flüstert er seinem Nebenmann ins Ohr. Aber der beachtet ihn nicht einmal, so gefangen ist er von Luthers Worten. Selbst der junge Kaiser scheint beeindruckt von diesem hergelaufenen Mönch, bemerkt Aleander nervös.

Als Luther zum Ende seiner Verteidigungsrede kommt, ist das Wort Widerruf immer noch nicht gefallen. Er schließt seine Rede mit dem Satz: „Hier stehe ich, ich kann nicht anders, Gott helfe mir, Amen."

Luther soll sich zu den Schriften bekennen, die unter seinem Namen veröffentlicht worden sind, und sie widerrufen. Jonathan Firth als Aleander in dem Film *Luther*, amerikanisch-britisch-deutsche Koproduktion 2003, Regie: Eric Till

Luther war deswegen für den Papst so gefährlich, weil er gesagt hat: „Ich lasse mich nicht durch die Kirche und ihre Lehre überzeugen, sondern nur durch die Bibel und Vernunftgründe."
Dass jemand dem Papst abspricht, dass er allein für die rechte Lehre sorgt, galt als Ketzerei und war lebensgefährlich.

Margot Käßmann

Noch für die Länge eines Ave Maria bleibt es still in Worms, dann reißt ein vielstimmiger Schrei den Kaiser und seinen Reichstag aus der Erstarrung. Die erregte Menschenmenge, die sich in den Versammlungsraum gedrängt hat, brüllt wie von Sinnen. Sofort fallen die rund 5000 Menschen vor der bischöflichen Pfalz mit ein. Und weiter rollt die Welle der Begeisterung durch die Stadt, erfasst die Menschen ganz und gar.

„Luther hat nicht widerrufen! Nicht widerrufen!", schallt es durch die Gassen. Kein i–Tüpfelchen von seinen Schriften hat er zurückgenommen!

Der päpstliche Gesandte schließt erschüttert die Augen. Aleanders schlimmste Erwartungen wurden noch übertroffen. Luther hat kein Blatt vor den Mund genommen.

 ### Friedrich der Weise

Friedrich III., Kurfürst von Sachsen (1463–1525), der zu Luthers Zeit zu den mächtigsten Herrschern des Reiches zählt, ist ein tief gläubiger Mensch. Er besitzt eine Reliquiensammlung, die im Laufe der Zeit auf 19 000 Teile anwächst. 1486 wählt er Wittenberg zu seiner Residenzstadt und gründet hier 1502 eine Universität. Seine Politik zielt u. a. darauf ab, die Macht des Papsttums einzudämmen. Daher unterstützt er Martin Luther und schützt ihn vor Verfolgungen. Seiner Lehre schließt er sich jedoch nicht an. Durch seine bedächtige und kluge Art erhält er den Beinamen „der Weise". Kriegerische Auseinandersetzungen sind ihm zuwider. Im Bauernkrieg steht er als einziger Fürst auf Seiten der Bauern. Ihre Forderungen hält er für gerecht. Auch den anderen Fürsten und Landsherrn, die sich in der Folge Luther anschließen und von der Papstkirche abwenden, geht es nicht (nur) um den Glauben, sondern um ihre Unabhängigkeit von Kaiser und Kirche.

In Acht und Bann

Auf ketzerische Lehren reagiert die Kirche traditionell mit dem Großen Kirchenbann. Wer damit belegt wird, wird aus der kirchlichen Gemeinschaft so lange ausgeschlossen, bis er widerrufen hat. Er darf nicht einmal mehr Kirchen betreten. Andere Christen dürfen keinen Umgang mit dem Gebannten haben, sonst werden auch sie mit dem Bann belegt. Martin Luthers Bann durch den Papst ist bis heute nicht aufgehoben, da er bis zu seinem Tod nicht von seiner Lehre abgewichen ist. Bis 1555 zog der Kirchenbann zwangsläufig die Reichsacht nach sich, also auch den Ausschluss aus der weltlichen Gemeinschaft im gesamten Heiligen Römischen Reich Deutscher Nation. Luther war vogelfrei: Jeder hatte das Recht, ihn straffrei zu töten.

Er hat den Papst als Tyrannen beschimpft, der Hab und Gut der Gläubigen verschlingt. Er hat ihn vor aller Welt als gottlos gebrandmarkt, als schamlos und boshaft. Als wäre der Papst der leibhaftige Teufel selbst. Schockierend, dass niemand diesem Ketzer den Mund verboten hat! Einen Dolch ins Herz hätte der treulose Mönch verdient. Nicht diese überwältigende Zustimmung, die ihm von allen Seiten entgegenströmt.

Immerhin – jetzt muss der Kaiser die Reichsacht über Luther verhängen. Der verdammte Ketzer ist schon bald vogelfrei. Und dann gnade ihm Gott …

Kurfürst Friedrich von Sachsen, Luthers Landesherrn, hat der Auftritt dagegen ausgesprochen gut gefallen. Aber wieder kann man das aus seinem Mienenspiel nicht herauslesen. Er hat die Augen geschlossen, als würde er ein Nickerchen halten. Was niemand bei einem älteren Herrn wie ihm ungewöhnlich finden muss. Was ihn ängstigt, ist der Mut des Mannes. „Er ist mir viel zu kühn!", raunt er seinem Berater zu. Noch während der Saal in Aufruhr ist, sinnt der Kurfürst darüber nach, wie er Luther vor dem langen Arm der Kirche schützen kann. Wenn der kämpferische Mönch das Weihnachtsfest noch erleben soll, müsste er für einige Zeit aus dem Verkehr gezogen werden.

Während die Nachrichten sich wie ein Lauffeuer in Worms und von da in alle Welt verbreiten, fallen Zentnerlasten von Luther ab. „Ich bin hindurch, ich bin hindurch!", stößt er hervor, während er den Saal verlässt. Es ist, als habe er einen großen Kampf gewonnen. Dabei hat er alles verloren, was sein bisheriges Leben ausmacht.

Papst Leo X. liebt den Prunk. Er baut Rom zu einem Zentrum für Kunst und Kultur aus. Stets tritt er mit einem Hofnarren auf. Den lässt er verprügeln, wenn ihm dessen Witze nicht unterhaltsam genug sind.

Mit der Verhängung des kaiserlichen Banns besitzt Luther keinerlei Rechte mehr, nicht einmal das Recht zu leben. Jeder Fürst, in dessen Gebiet er gesichtet wird, ist gezwungen, ihn auszuliefern. Er wird nie mehr predigen dürfen oder Bücher schreiben.

Aber Luther ist sich und seinem Gott treu geblieben. Und nur das zählt für ihn. „Es ist nicht geraten, etwas gegen das Gewissen zu tun" – das hat er auch genau so vor den hohen Herren gesagt. Und davon ist er aus tiefstem Herzen überzeugt.

Man hat ihm zwar freies Geleit versprochen. Aber ob das auch nach dieser Rede noch gilt, weiß niemand. Luthers Leben ist von Stund an in größter Gefahr.

Junker Jörg

>>> **Er wusste,** es würde irgendwann passieren. Nur Ort und Zeitpunkt waren ihm unbekannt. Als bewaffnete Reiter zur nächtlichen Stunde aus dem Dickicht des Thüringer Waldes auf den Karren zupreschen, der ihn von Worms zurück nach Wittenberg bringen soll, fährt ihm dennoch ein gewaltiger Schreck in die Glieder. Die Angreifer fackeln nicht lange. Sie stülpen Luther einen Sack über den Kopf, treiben ihn vor sich her, weg von seinem Wagen, fort von seinen entsetzten Begleitern. Schon hat die Dunkelheit ihn und die Entführer verschluckt.

Erst als sie ihm den Sack vom Kopf ziehen, ihm Reitkleidung statt seiner Mönchskutte reichen und ihm ein Pferd geben, weiß er, dass die Entführung zu seinem Schutz geschieht, nicht zu seinem Schaden. Friedrich der Weise steckt dahinter. Er will seinen vom Papst gebannten und vom Kaiser geächteten Theologen für einige Zeit aus der Schusslinie ziehen. „Wohin?", fragt Luther die dunklen Männer, erhält jedoch keine Antwort. In wilder Jagd galoppiert der kleine Trupp durch den Wald. Luther, der ein ungeübter Reiter ist, wird durchgeschüttelt wie ein alter Mehlsack. Erst als er um 11 Uhr nachts endlich von seinem verdammten Gaul absitzen darf, erfährt er, wo der Kurfürst ihn verstecken will: „Willkommen auf der Wartburg, Junker Jörg!", wird er vom Burghauptmann mit seinem neuen Tarnnamen begrüßt und sogleich in ein schlichtes Gemach geführt.

Was jetzt?, fragt er sich, als er sich nach etlichen Tagen auf der Wartburg gründlich von den Strapazen der letzten Monate ausgeruht hat. Was fängst du hier an, Junker Jörg? Er sitzt auf einem Stuhl, die Füße auf einem kleinen Fußschemel aus Walknochen. Zur Tarnung hat er sich einen Bart stehen lassen, und wo sonst die Mönchstonsur war, dürfen seine Haare wieder sprießen. Er trägt die Kleidung eines Edelmanns: ein langes Gewand, darüber einen dieser geckenhaften Mäntel, die mit einer protzigen Spange über der Schulter gehalten werden. Nicht einmal sein Freund Melanchthon würde ihn jetzt noch erkennen.

Die Wartburg in der Nähe der Stadt Eisenach. 300 Tage versteckt sich Luther hier, nachdem der Kaiser die Reichsacht über ihn verhängt hat. Seine Anhänger fürchten währenddessen, dass er ermordet worden ist.

Die Tarnung ist perfekt. Er ist in Sicherheit – und fühlt sich dennoch fehl am Platz. Verloren und leer. Als ob die Welt sich ohne ihn dreht. Die Reformation ist in vollem Gang, und er hockt hier oben auf dem Berg, schmaust mit dem Burgherrn und junkert vor sich hin. Sogar eine Einladung, mit auf die Jagd zu gehen, hat er bereits erhalten. Er könnte kotzen!

Das ganze Land ist von evangelischer Begeisterung für das Wort erfasst. Mancherorts wird von den Kanzeln bereits auf Deutsch gepredigt, für jeden Gläubigen verständlich. Es besteht die einmalige Chance, allein durch das Wort die Kirche zu verändern. Und damit die ganze Welt.

Luthers Blick geht aus dem Fenster. Er ist umgeben von Wäldern. So weit das Auge reicht. Eigentlich ein schöner Anblick von hier oben. Aber er kann sich nicht darüber freuen. Wie kann er Gott aus diesem Wolkenkuckucksheim heraus dienen?

"Ich werde schreiben!", bricht es aus ihm heraus. "Melanchthon wird mir helfen. Er wird meine Schriften drucken lassen und von Wittenberg aus verbreiten."

Die Zeit auf der Wartburg erweist sich als Glücksfall. Für die Reformation und für die Deutschen. In diesen zehn Monaten hat Luther die Ruhe und die Konzentration, seine Überzeugungen zu durchdenken, ohne von Alltagspflichten abgelenkt zu werden.

Das Wichtigste, das er in dieser Zeit anpackt: Er überträgt das Neue Testament ins Deutsche. Damit jeder Christ in deutschen Landen, der dessen mächtig ist, Gottes Wort selbst lesen kann. Und es jeder versteht, wenn während des Gottesdienstes aus der Bibel vorgelesen wird. Damit sich keiner mehr von den Handlangern des Papstes aufs Glatteis führen lassen muss. "Meinen Deutschen bin ich geboren und ihnen will ich dienen!", schreibt er von der Wartburg an einen Freund. "Man muss dem Volk aufs Maul sehen, wie sie reden – und danach übersetzen", murmelt er und spürt, wie die Worte der Heiligen Schrift in ihm gären, schäumen, sich zersetzen, in Teile zerfallen

> *Evangelisch sein hat viele Aspekte. Einer davon ist tatsächlich: Du sollst selbst lesen und selbst nachdenken.*
> Margot Käßmann

Die Lutherstube auf der Wartburg. Hier übersetzt Luther den größten Teil der Bibel ins Deutsche. Allein 1522 wird sein Werk zwölfmal nachgedruckt.

Eine einheitliche deutsche Sprache ist eigentlich erst durch Luther entstanden.

Margot Käßmann

und wieder neu zusammengesetzt werden wollen. Tagelang will ihm kein einziger Satz aus der Feder fließen. Als er schließlich ans Werk geht, schreibt er in einer Sprache, die jeder Mann, jede Frau, jedes Kind auf der Gasse verstehen kann. Wie besessen stürzt er sich in die Arbeit. Nie klebt er am einzelnen Wort. Seine Übersetzung zielt immer auf den Sinn ab. Sprachgewaltig schöpft er neue Begriffe: Lückenbüßer, Machtwort, Feuereifer, Lästermaul, Herzenslust. Bildgewaltige Redewendungen bringt er zu Papier: „Perlen vor die Säue werfen." „Ein Herz und eine Seele sein." Er

 ### Die Lutherbibel

1521 beginnt Luther auf sich allein gestellt auf der Wartburg mit der Übersetzung des Neuen Testaments. Erst 1534 legt er auch die Übersetzung des Alten Testaments vor, die in Teamarbeit – u. a. mit seinem Freund Philipp Melanchthon – erfolgte. Luthers Bibelübersetzung hat die Entwicklung und Vereinheitlichung der deutschen Sprache und Schriftsprache stark beeinflusst. Luther gilt als „Erfinder des Hochdeutschen".

Obwohl jede Bibel mehrere Monatslöhne kostet, werden bis 1546 eine halbe Million Bibeln in Deutschland verkauft. Bis heute wird in evangelischen Gottesdiensten aus der überarbeiteten Lutherbibel gelesen.

Die Übersetzung des Alten und des Neuen Testaments

Viele Jahrhunderte wird das Alte Testament mündlich, in der Sprache der Hebräer, übermittelt und schließlich auf Hebräisch niedergeschrieben. 400 Jahre vor Christi Geburt werden die Texte ins Aramäische übertragen, lange Zeit später ins Griechische und schließlich ins Lateinische übersetzt. Das Neue Testament, ursprünglich auf Griechisch verfasst, wird später ins Lateinische übertragen. Das Alte Testament hatte also mindestens drei Übersetzungsvorgänge bis zur Lutherbibel durchlaufen, das Neue Testament zwei. Luther versucht weitest möglich, die hebräischen oder wenigstens die griechischen Urtexte für seine Übertragung ins Deutsche heranzuziehen.

kreiert Sprichwörter, die noch fünfhundert Jahre später jedes Kind im Deutschen kennt: „Wer anderen eine Grube gräbt, fällt selbst hinein." „Niemand kann zwei Herren dienen." „Der Mensch denkt und Gott lenkt."

Mit manchen griechischen Sätzen ringt er viele Tage, sie lassen ihn nicht los, bis es ihm gelingt, dem Leser die tiefere Bedeutung zu vermitteln. In seinen Streitschriften gegen die Papstkirche ist Luther kein Schimpfwort zu unflätig, aber beim Übersetzen der Bibel ist er an keiner Stelle grob. „Welch ein herzlich feines Wort das ist: die liebe Maria, der liebe Gott, das liebe Kind. Und ich weiß nicht, ob man das Wort ‚lieb' auch so herzlich in anderen Sprachen reden möge, dass es also dringe und klinge ins Herz und durch alle Sinne, wie es tut in unserer Sprache."

Luther wollte die Bibel so übersetzen, dass jeder Mensch sie verstehen kann. Das gab es vorher noch nicht.
Margot Käßmann

Schon nach elf Wochen ist er mit der Übersetzung des Neuen Testaments fertig. Als er diese Aufgabe im Februar beendet hat, hält ihn nichts mehr in seinem Versteck. Am 1. März 1522 reist er zurück nach Wittenberg. Er muss. Die Nachrichten, die ihn auf der Wartburg erreicht haben, sind allzu beängstigend. Überall gibt es Unruhen. Als hätte er mit seinen Worten die ganze Welt in Brand gesteckt. Mönche und Nonnen fliehen aus den Klöstern. Mit Messern bewaffnet, vertreiben Studenten die Priester der Papstkirche von den Kanzeln. Selbst ernannte Propheten verdrehen das Wort Gottes und lassen sich als Reformatoren feiern. Bauern erheben sich gegen ihre Herren. Allerorten kommt es zu blutigen Ausschreitungen.

Unter Lebensgefahr reitet der Reformator zurück nach Wittenberg. In sein schwarzes Mönchsgewand gekleidet, predigt er acht Tage lang – von Sonntag zu Sonntag – von der Kanzel der Marienkirche gegen den Aufruhr. Der Totgeglaubte sorgt dafür, dass in der Stadt wieder Ruhe einkehrt. Luther weiß, dass er die Reformation in Deutschland nur durchsetzen kann, wenn er die Fürsten auf seiner Seite hat. Die Fürsten sind von Gott eingesetzt, man muss ihnen gehorchen – daran gibt es für Luther nichts zu rütteln.

Doch die Bauern im Land lassen sich durch Predigten nicht mehr ruhig halten. Seit Luther in ihnen die Sehnsucht nach Freiheit geweckt hat, träumen sie einen glühenden Traum: Sie wol-

Oben: Luther leidet auf der Wartburg Qualen, dass er nicht in Wittenberg sein kann, um die Reformation voranzutreiben. Er schreibt zahlreiche Briefe an seine Freunde. Um sein Versteck nicht zu verraten, gibt er als Absender „Einsiedelei", „Revier der Vögel" oder „Wüstenei" an.

Bildersturm

Im Zuge der Reformation werden aus den Gotteshäusern zahllose Bilder, Skulpturen und Kirchenfenster entfernt und oft auch zerstört. Unersetzliche Kunstwerke gehen dadurch in Süddeutschland, der Schweiz, England und den Niederlanden verloren. Dieser „Bildersturm" erfolgt teils auf Anordnung der Obrigkeit, teils, weil aufgebrachte Menschen die Gotteshäuser stürmen. Theologen der Reformation sehen in Heiligendarstellungen Götzenbilder, die vom Wort Gottes ablenken. Sie berufen sich auf die Zehn Gebote, in denen steht: „Du sollst dir kein Gottesbild machen und keine Darstellung von irgendetwas am Himmel droben, auf der Erde unten oder im Wasser unter der Erde." Martin Luther selbst nimmt eine gemäßigte Haltung ein. Denn Bilder bringen den Menschen, die nicht lesen können, die Bibel näher.

len Gerechtigkeit auf Erden. Nicht erst im Himmel. Und sie sind bereit, dafür zu kämpfen. Denn wo in der Bibel steht, dass die Güter auf Erden so ungerecht verteilt sein sollen? Wo?

Das Elend der Bauern steht allen vor Augen. Sie werden von den Fürsten bis aufs Blut ausgepresst. Zum Leben haben sie zu wenig, zum Sterben zu viel. Rechte haben sie keine, nur Pflichten. Neben der Feldarbeit müssen sie zahllose Dienste für die hohen Herren leisten. Es ist die blanke Verzweiflung, die die Bauern dazu bringt, sich gegen die Fürsten zu erheben.

Luther weiß das genau. Dennoch lehnt er den Kampf der Bauern mit entschiedenen Worten ab. „Jedermann sei der Obrigkeit untertan", ruft er den Aufrührern das Bibelwort aus dem Römerbrief ins Gewissen.

Andere zeigen mehr Verständnis für den Kampf der Bauern.

Thomas Müntzer – ein ebenso wortgewaltiger Prediger wie Luther – erinnert daran, dass Jesus in einem Viehstall geboren wurde. Und immer auf der Seite der Armen stand. „Die, die sich in Pelzmänteln kleiden und auf Seidenkissen sitzen, sind Christo ein

Unten: In Luthers Abwesenheit gerät die Reformation außer Kontrolle. Sogenannte Bilderstürmer zerstören wertvolle Kunstwerke aus Klöstern und Kirchen, wie auf diesem Holzschnitt von 1530 zu sehen. Als Luther davon erfährt, ist er entsetzt.

Gräuel", ruft er den Bauern von der Kanzel herab zu. Müntzer ist ein Mensch, dem Schönreden und Schmeichelei so gar nicht liegen. Er nimmt kein Blatt vor den Mund, als er den Landesfürsten 1524 in einer Predigt auf Schloss Allstedt in Sachsen die Leviten liest. Untertänigkeit ist seine Sache nicht. In einer feurigen Rede weist Müntzer mit scharfen Worten auf die Missstände hin, die es im Land zu beklagen gibt. Wenn die Fürsten nichts gegen diese Missstände unternähmen, sei es die gottgewollte Aufgabe des Volkes, sich dagegen zu erheben. Die Fürsten bringt er mit diesen Worten jedoch nicht auf die Seite der Bauern. Sie halten ihn für einen gefährlichen Träumer.

So wird Thomas Müntzer zu dem Mann, der die erste Revolte auf deutschem Boden anführt. Nicht nur mit donnernden Worten. Auch mit dem Schwert.

Bauernkrieg

⟩⟩⟩ 60 000 Bauern erheben sich in Deutschland zum Kampf. „Luther soll unser Anführer sein!", das wünschen sich die Bauern. Mit ihm an der Spitze können sie die Fürsten zu Verhandlungen zwingen.

Aber Luther will nicht. Er lehnt die Revolte der Bauern entschieden ab. Mit dem 7. Gebot „Du sollst nicht stehlen!" verurteilt er den Aufruhr. Mit Luther ist also nicht zu rechnen. Enttäuscht wenden sich die einfachen Leute von ihm ab. „Wer bestiehlt hier wen?", begehren sie auf.

So kommt es, dass der Pfarrer Thomas Müntzer den Luther zugedachten Platz als Anführer einnimmt. Er spricht den Bauern aus dem Herzen, als er sagt: „Die Grundsuppe der Dieberei sind unsere Fürsten und Herren."

Aufgestachelt durch Thomas Müntzer, ziehen die Bauern durchs Land, plündern Klöster und Burgen. Immer wilder treiben sie es. Zu Ostern 1525 brennen sie die Burg zu Weinsberg nieder und erstechen den Burgkaplan. Graf von Helfenstein, ein in der

Rechts: Im Frühjahr 1525 reist Luther quer durch Mitteldeutschland und versucht, die Aufstände der Bauern durch seine Predigten zu beenden. Müntzer dagegen sieht in den Bauern das Werkzeug Gottes und zieht mit ihnen in die Schlacht.

Unten: Zu Luthers Zeit besteht die Bevölkerung zu 80 Prozent aus Bauern. Von ihren Abgaben und Diensten leben die Adligen und die Geistlichkeit wie die Maden im Speck. Das wollen die Bauern nicht länger hinnehmen.

Luthers Schriften

Luther ist ein ungeheuer produktiver Autor. Seine wichtigsten reformatorischen Schriften sind die folgenden:

An den christlichen Adel deutscher Nation von des christlichen Standes Besserung. Darin fordert Luther die weltlichen Fürsten auf, die Reformation durchzuführen.

Von der babylonischen Gefangenschaft der Kirche. In dieser Schrift reduziert Luther die Sakramente von sieben auf drei: Taufe, Abendmahl und Buße. Ein Sakrament ist eine kirchliche Handlung, aus der Heil erwächst.

Von der Freiheit eines Christenmenschen. Hier stellt Luther die Christen als freie Menschen dar, die jedoch zugleich verpflichtet sind, das von Gott empfangene Heil an andere weiterzugeben.

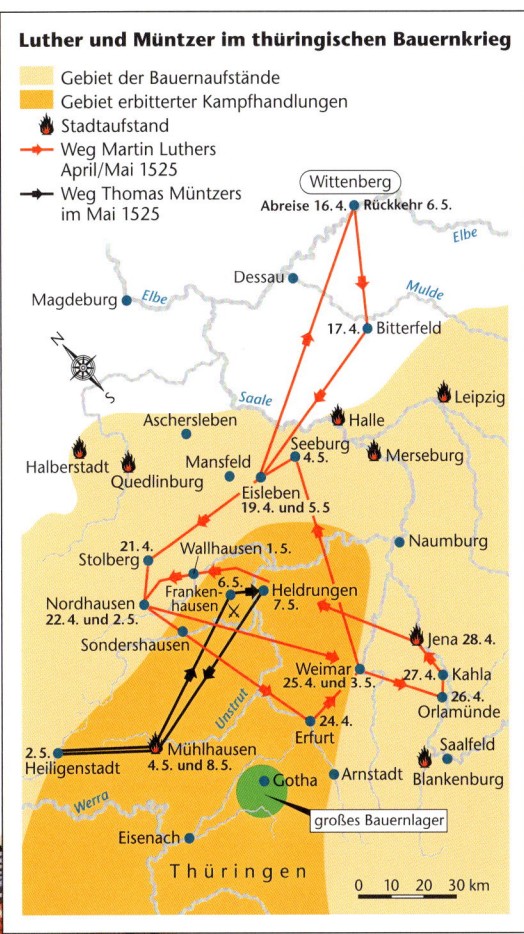

Luther und Müntzer im thüringischen Bauernkrieg

- Gebiet der Bauernaufstände
- Gebiet erbitterter Kampfhandlungen
- Stadtaufstand
- Weg Martin Luthers April/Mai 1525
- Weg Thomas Müntzers im Mai 1525

Wittenberg
Abreise 16.4. • Rückkehr 6.5.

Elbe

Dessau
Magdeburg • Elbe
Mulde
17.4. • Bitterfeld

Saale
• Leipzig
Aschersleben
Halle
Seeburg
Halberstadt 4.5. • Merseburg
Mansfeld
Quedlinburg
Eisleben
19.4. und 5.5
21.4. Wallhausen 1.5. • Naumburg
Stolberg
6.5.
Nordhausen Franken-
22.4. und 2.5. hausen Heldrungen
7.5.
Sondershausen
Jena 28.4.
Weimar 27.4. • Kahla
25.4. und 3.5. 26.4.
24.4. Orlamünde
2.5. Erfurt
Heiligenstadt Mühlhausen Saalfeld
4.5. und 8.5. Arnstadt Blankenburg
Werra • Gotha
großes Bauernlager
Eisenach

T h ü r i n g e n

Unstrut

0 10 20 30 km

Stadt weilender Adliger, ist den Bauern als hartherziger Obervogt besonders verhasst. Bei einem Spießrutenlauf wird er so lange von ihnen mit Spießen traktiert, bis er tot zusammenbricht. Hämisch spielt ein Musikant für ihn dabei zum letzten Tanz auf.

Jetzt platzt Luther der Kragen. Von der Kanzel herunter wütet er gegen die Bauern. „Man soll die aufrührerischen Bauern zerschmeißen, würgen und stechen, wie man einen tollen Hund totschlagen muss", fordert er. Jedem Fürsten, der im Kampf gegen die Bauern sein Leben lässt, verspricht Doktor Luther zum Lohn den Einzug in das Himmelreich. Weil er für eine gerechte Sache gekämpft hat. Und Thomas Müntzer, der die Bauern in diesen Krieg treibt, bei dem sie nur verlieren können, den bezeichnet er als „Mordpropheten". Eine regelrechte Hetzjagd auf die Bauern setzt nach diesen vernichtenden Worten ein.

Luther verliert in dieser Zeit alle seine Anhänger im einfachen Volk. Regelrecht angewidert sind die Menschen, als bekannt wird, dass der 41-jährige Luther in diesen aufgewühlten Zeiten nichts Besseres zu tun hat, als Heiratsvermittler für elf entlaufene Nonnen zu spielen. „Der alte geile Bock scharwenzelt selbst um eins der Nönnchen herum. Ganz verliebt ist er. Nichts anderes interessiert ihn mehr", tratscht man allerorten. Als „Doktor Lügner" verhöhnt ihn Thomas Müntzer öffentlich und nennt ihn „geistloses, sanftlebend Fleisch zu Wittenberg".

Am 15. Mai 1525 kommt es in der Nähe der Stadt Bad Frankenhausen zur entscheidenden Schlacht. Die Gegner könnten ungleicher nicht sein. Etwa 8000 zerlumpte Bauern haben sich auf dem Hausberg in einer aus Mistkarren errichteten Wagenburg verschanzt. Ihr Banner: eine weiße Fahne mit einem Regenbogen. Das Zeichen des Bundes zwischen Gott und den Menschen. Angstvoll spähen sie in Richtung des gegnerischen Heeres.

Wir können Luther nicht nur als makellosen Helden sehen. Das war er nicht. Er hatte auch Fehler.

Margot Käßmann

Die Zwölf Artikel

Im Süden und in der Mitte Deutschlands erheben sich die Bauern aus großer wirtschaftlicher Not gegen ihre Herren. Sie verfassen eine Schrift mit zwölf Forderungen, *Die Zwölf Artikel*. Die Schrift gilt als Geburtsstunde der Menschenrechte. Die Bauern verlangen darin u. a. eine Milderung ihrer Abgaben und die Abschaffung der Frondienste. Nach ersten Kämpfen stellt sich Luther in seiner Schrift *Wider die räuberischen und mörderischen Rotten der Bauern* gegen die Bauern. Daraufhin kommt es in mehreren Schlachten zum ungleichen Kampf einer Armee der schwäbischen Adligen gegen die mit Dreschflegeln und Sensen bewaffneten Bauern. Erst 300 Jahre später erreichen die Bauern die in den Zwölf Artikeln festgehaltenen Ziele.

Die Schwerter der Soldaten funkeln in der Sonne, zahllose Kanonen sind auf die Bauern gerichtet. Das Trommeln der Landsknechte dringt ihnen durch Mark und Bein.

„Die machen Hackfleisch aus uns. Wir sollten lieber verhandeln", fordern einige der Bauern lautstark. Schließlich reitet ein Unterhändler auf seinem schwerfälligen Ackergaul zu den Fürsten, um die Lage auszuloten.

Weg mit der Leibeigenschaft, nieder mit der Fronarbeit, gerechte Abgaben – so begreifen die Bauern die Reformation. Nicht als Aufstand gegen die Papstkirche, sondern als Widerstand gegen die fürstlichen Unterdrücker, unter denen sie täglich leiden.

Viel haben die verzweifelten Männer den Kanonen der Adligen mit ihren Mistgabeln nicht entgegenzusetzen. Zudem sind sie ungeübt im Kampf. Ihr Mut sinkt. Da kommt der Unterhändler auf seinem Ackergaul zurück. Die Forderung der Fürsten ist klar: Sie sollen Thomas Müntzer ausliefern. Dann kämen sie mit dem Leben davon.

Ihren Anführer ausliefern oder nicht? Die Bauern sind sich nicht einig. „Der Tag ist zu schön, um zu sterben", sagt einer. Die Ersten rücken von Thomas Müntzer ab. Aber dann fängt Müntzer an zu predigen. Er steigt auf einen der Mistwagen, stellt sich unter das Regenbogenbanner und beschwört die Bauern, jetzt nicht aufzugeben. Ge-

> Luther hat gesagt, in Glaubens- und Gewissensfragen ist jeder Mensch frei. Das war sein Grundsatz. Leider war er dann doch nicht so tolerant, das auch allen anderen zuzugestehen.
> Margot Käßmann

Mit seiner Schrift *Wider die räuberischen und mörderischen Rotten der Bauern* wendet sich Luther 1525 mit harschen Worten gegen die Aufständischen im deutschen Süden. Er fordert die Fürsten auf, die Bauernaufstände mit Gewalt niederzuwerfen.

nau in dem Moment, in dem er sagt: „Gott will nicht, dass ihr Friede mit den gottlosen Fürsten schließt!", erscheint am Himmel ein leuchtender Regenbogen. Ein Zeichen von Gott! Schon wollen die Ersten an ein Wunder glauben und greifen entschlossen nach ihren Mistgabeln, da fährt eine Kanonenkugel in die überraschte Menge. Mitten im vereinbarten Waffenstillstand. Zehn Bauern liegen zerschmettert da. Die überraschten Aufständischen werden überrollt, noch ehe sie sich zur Gegenwehr entschließen konnten.

6000 Bauern sterben auf dem Schlachtfeld bei Frankenhausen, 600 werden gefangen genommen, 300 noch am gleichen Tag hingerichtet. Thomas Müntzer wird gefasst und öffentlich enthauptet. Mit ihm stirbt für die Bauern die Hoffnung auf eine gerechtere Welt. Innerhalb von nur zwei Jahren finden etwa 70 000 Bauern den Tod.

Und Luther?

Luther ist im Reinen mit alldem, was er gegen die Bauern gepredigt und zu Papier gebracht hat. Denn steht nicht in der Bibel: Wer das Schwert nimmt, wird durch das Schwert sterben? Den verzweifelten Bauern kommt er wie der Teufel persönlich vor.

10. Katharina

>>> „**Wo bleibt das Bier?**", ruft Martin Luther seiner Frau zu. Reich gedeckt ist die Tafel. Der anheimelnde Duft von Schweinebraten liegt in der Luft. Dazu gibt es Gemüse aus Käthes Garten. Es macht sich bezahlt, dass Luthers Frau vor der Stadt Gärten und Äcker gekauft hat. Die Tische biegen sich, wenn die Hausgemeinschaft zum Essen zusammenkommt. Im ehemaligen Speisesaal des Schwarzen Klosters redet alles durcheinander. Als das Kloster in Wittenberg im Zuge der Reformation von seinen Mönchen verlassen wurde, hat es der Kurfürst Luther und seiner frisch angetrauten Frau 1523 als Wohnhaus überlassen. Wo sonst die Mönche schweigend ihr karges Mahl zu sich nahmen, herrscht jetzt stets ein unglaublicher Trubel.

Der Tisch ist wie fast jeden Tag für 30 Menschen gedeckt: Studenten, Verwandte, Knechte und Mägde und natürlich die Kinder der Familie Luther. Gäste sind zumeist auch noch zu bewirten. Die Kinder toben um die Tische, Tölpel, Luthers Hund, bellt die Katzen an, die Studenten diskutieren angeregt mit den Gästen und die Hausherrin kümmert sich darum, dass die Mägde alle gut versorgen.

? Katharina von Bora

Katharina von Bora (1499–1552) stammt aus einer verarmten adligen Familie aus der Nähe von Leipzig. Mit fünf Jahren wird sie von ihrem Vater ins Kloster gebracht, wo sie Lesen, Schreiben, Singen und Latein lernt und ein Verständnis für die Landwirtschaft erwirbt. Mit 16 Jahren legt sie ihr Gelübde ab. Nachdem sie im Kloster heimlich eine Schrift Martin Luthers liest, fliehen sie und acht Mitschwestern aus dem Kloster. In Wittenberg, wo die Nonnen Schutz suchen, lernt sie den 16 Jahre älteren Luther kennen. Die beiden heiraten am 27. Juni 1525. Luther nennt sie wegen ihrer Tatkraft gern „mein Herr Käthe". Nach Luthers Tod muss Katharina 1552 vor der Pest aus Wittenberg fliehen und kommt bei einem Unfall ums Leben.

Luthers Heirat war ein Riesenskandal. Viele Leute haben ihm das übel genommen. „Wenn du Kinder kriegst, dann werden sie missgebildet sein!", prophezeite man Katharina.

Margot Käßmann

Katharina von Bora verlässt aus Begeisterung für Luthers Lehre das Kloster. Zwei Jahre später macht sie Luther einen Heiratsantrag. Claire Cox und Joseph Fiennes in *Luther*, amerikanisch-britisch-deutsche Koproduktion 2003, Regie: Eric Till

„Herr Käthe, das Bier!", ruft Luther seiner Frau noch einmal ungeduldig zu.

„Wir können auch Wasser trinken!", sagt einer der Gäste beschwichtigend.

„Wasser ist nur etwas für Fische!", sagt Luther abwehrend und schüttelt sich. „Meine Käthe braut das beste Bier in weitem Umkreis. Ich möchte, dass Ihr davon kostet!" Bierbrauerin, Gärtnerin, Imkerin, Viehzüchterin – die tüchtige Katharina hat zahllose Aufgaben. Sie hat das Kloster ausgebaut und eine Pension für Studenten darin eröffnet. Durch das Geschick der Lutherin ist die Familie wohlhabend geworden. Luther lässt sie im Haus frei schalten und walten. Er kümmert sich derweil um seine Lehre.

Hätte man Luther auf dem Reichstag zu Worms prophezeit, dass er heiraten und Vater von sechs Kindern werden würde – er hätte schallend gelacht. Als er seine Käthe zur Frau nahm, tratschte ganz Deutschland darüber. Als liebestoll beschimpfte man ihn. Als wollüstig.

Aber das traf nun wirklich nicht ins Schwarze. Eine Liebesheirat war es ganz und gar nicht. Eigentlich hatte er gar nicht heiraten wollen. Als Geächteter musste er jeden Augenblick mit dem Tod rechnen. Aber dann machte ihm die entlaufene Nonne Katharina von Bora selbstbewusst einen Heiratsantrag. Und er willigte ein.

Seine Entscheidung für die Lutherin kam ganz aus seinem reformatorischen Denken, aus der Überzeugung: Das Mönchstum ist eine Erfindung des Papstes. In der Bibel steht davon jedenfalls nichts. Durch seine Heirat wollte er den Makel, Mönch gewesen zu sein, eindrucksvoll abschütteln.

Luther freut sich über das, was seine Gäste zu berichten haben. „Sie haben alle gesungen! Die ganze Gemeinde! Auf Deutsch. Beim ersten Lied dachten sie noch, dass nun der Blitz in die Kirche einfährt. Beim zweiten Lied ging es schon besser!", berichtet ein Pfarrer aus Halle gerade. Und auch die anderen erzählen, wie begeistert Luthers Liederbuch in ihren Gemeinden aufgenommen wird. Der Gesang ist ihnen genauso wichtig wie Predigt und Gebet. Durch das gemeinsame Singen findet Luthers Lehre Einzug in die Herzen der Menschen.

Die Ehe mit Katharina von Bora hat sich als großer Segen für Luther erwiesen. „Mein Herr hat mich plötzlich, während ich ganz andere Gedanken hatte, wunderbar in die Ehe geworfen", schreibt er 1525 an einen Freund – so, als könne er es selbst noch nicht glau-

? Luther und die Musik

Luther ist ein guter Lautenspieler, singt leidenschaftlich gern und gut und kann brauchbar komponieren. Um einen Grundstock an deutschen Kirchenliedern zu schaffen, verfasst er mindesten 36 Lieder, darunter so bekannte „Klassiker" im Gesangbuch wie „Vom Himmel hoch, da komm ich her". Die erste Liedersammlung war das 1524 erschienene *Achtliederbuch.* Luthers Wunsch: die Gemeinde soll singen, denn Singen schafft eine starke Gemeinschaft. Vor Luthers Zeit wurde im Gottesdienst nur von den Mönchen gesungen. Alle geistlichen Lieder waren auf Latein.

Viele Gespräche, die im Hause Luther bei Tisch geführt werden, schreiben seine Studenten mit. Etwa 3000 sogenannte Tischreden vermitteln uns heute einen guten Einblick in Luthers Gedankenwelt.

ben. Nicht für alles Geld der Welt würde er seine Frau wieder hergeben. Er liebt sie aus tiefstem Herzen. Und das Beste an ihrer Ehe sind ihre Kinder.

Luther ist ein begeisterter Vater. Mit jedem seiner Kinder hat er ernsthafte Gespräche über den Glauben. Er schreibt für sie Lieder und Gedichte, um ihren Glauben zu festigen. Jeden Abend singt er mit der ganzen Familie. Führt ihn eine Reise von den Seinen fort, vermisst er sie alle schmerzlich.

„Ich bin reicher als alle Theologen des Papstes auf der Welt zusammen!", sagt Luther während des Mahls zu seinen Besuchern und blickt zufrieden in die Runde. „Denn Gott hat mir meine Frau und meine Kinder geschenkt!"

Gott lebt im Alltag von ganz normalen Menschen! Die gemeinsam arbeiten und beten. Und die durch Gottes Liebe verbunden sind. Was für ein Irrweg war doch sein Weg ins Kloster! Alles Glück der Erde erfährt er im Kreise seiner Familie. Sechs Kinder werden ihm und Katharina von Gott geschenkt. Doch neben dem Glück erfährt Luther auch alle Leiden eines Familienlebens. Seine Tochter Elisabeth stirbt mit nicht einmal einem Jahr. Besonders schwer trifft ihn der Tod seiner Tochter Magdalena. Als sie mit 14 Jahren zu Grabe getragen wird, zerreißt es Luther fast das Herz. Ohne seinen starken Glauben hätte er diese schwere Zeit wohl nicht überstanden.

Im Kreise seiner Familie ist er zu guter Letzt da angekommen, wo ein echter Christ nach seiner eigenen Lehre hingehört: mitten im Leben.

Singen war für Luther sehr wichtig. Er hat 36 Kirchenlieder gedichtet. Dass die Menschen heute im Gottesdienst gemeinsam singen, kommt durch ihn. „Wer singt, betet doppelt!", sagte er immer.

Margot Käßmann

11 Luthers letzte Reise

>>> **„Passt gut auf euren Vater auf!"**, ermahnt Luthers Frau Katharina ihre Söhne Johannes, Martin und Paul eindringlich. Ihr Mann will trotz seiner angeschlagenen Gesundheit nach Eisleben fahren. Wenn es um sein Werk geht, ist ihm nie etwas zu viel. Den beiden Großen gibt sie den Essenskorb zur Verwahrung. Dem 13-jährigen Paul steckt sie zur Sicherheit noch ein Fläschchen mit Riechsalz zu. Der Junge hat dem Vater schon einmal während einer Ohnmacht beigestanden.

„Ich mach das schon!", sagt er jetzt wie ein alter Mediziner, um seine Mutter zu beruhigen.

Die Fürsten von Mansfeld haben Luther gebeten, einen Streit zwischen ihnen zu schlichten. Der Bitte kommt er auch deswegen gerne nach, weil er die Gelegenheit nutzen will, um mit den Fürsten über das Schulwesen in der Grafschaft zu sprechen. Wenn es nach Luther ginge, sollte jedes Kind die Schule besuchen. Jeder muss

? Luthers Krankenakte

Im Laufe seines Lebens wandelt sich Luther von einem hageren Mönch zu einem fettleibigen Mann. Seit seinem 38. Lebensjahr plagen ihn zahlreiche Krankheiten: Nierensteinleiden, Verstopfung, Magenschmerzen, Schwindelanfälle, Ohrensausen, Rheuma, Herzprobleme, Gicht, wiederkehrende Mittelohrentzündungen. Auch depressive Verstimmungen, Angstzustände und stressbedingte Wahnvorstellungen machen ihm zu schaffen. Gestorben ist er aller Wahrscheinlichkeit nach an einem Herzinfarkt, der sich am 1. Februar 1546 ganz klassisch mit Atemnot ankündigte.

Städte, Dörfer und Flecken im sächsisch-thüringischen Raum, zu denen Luther Beziehungen hatte

Magdeburg Luthers Lebensorte
🏘 Hauptorte der Reformation
● Stadt
● Dörfer und Flecken
▭ Reichsstädte
📖 Universitätsorte
⚑ kursächsische Hauptresidenzen

Besonders in seinen späteren Lebensjahren ist Luther ein gefragter Mann. Immer wieder wird er gebeten, eine Predigt zu halten oder einen Fürsten zu beraten. Ständig ist er auf Reisen durch Mitteldeutschland, von wo aus sich die Reformation in ganz Deutschland ausbreitet. Doch nur sechs Orte nennt er im Laufe seines Lebens sein Zuhause: Eisenach, Eisleben, Mansfeld, Magdeburg, Wittenberg und Erfurt.

in der Lage sein, die Bibel zu lesen. Ohne Bildung – keine Reformation! Die Fürsten von Mansfeld sollen da ihren Beitrag leisten. Schließlich ist Eisleben der Geburtsort des Reformators.

Es ist ein bitterkalter Winter, Luther friert während dieser Reise ständig. Wie müde er ist! Sterbensmüde! Ob er den Sommer wohl noch erleben wird? Viel Zeit bleibt ihm nicht mehr, da macht er sich nichts vor. Während der Planwagen in gemächlichem Tempo durch die verschneite Landschaft rollt, murmelt er vor sich hin: „Wenn ich wieder nach Wittenberg komme, will ich mich alsbald in einen Sarg legen und den Maden einen feisten Doktor zu essen geben." Seine Söhne sehen sich beklommen an. Heute können sie über Vaters starke Sprüche nicht so recht lachen.

Als die Reise durch ein Dorf führt, in dem viele Juden leben, schlägt der Doktor seinen Kragen hoch. Ein eisiger Windstoß ist in den Wagen gefahren. Luther spürt eine Erkältung in sich hochkriechen. Auch das noch. Er hätte wohl besser die Pelzmütze mitnehmen sollen statt der Kappe aus Wollstoff. In trüber Stimmung schreibt er aus dem rollenden Wagen einen Brief: „Wir mussten kurz vor Eisleben durch ein Dorf fahren, in dem viele Juden wohnen. Und da ging mir solch ein kalter Wind hinten zum Wagen rein und durch die Mütze an den Schädel. Ein Gefühl, als wollte mir das Hirn zu Eis werden! Vielleicht haben die Juden mich so hart angeblasen …" Was schreibt er da nur?, fragt er sich beklommen. Wie bitter er mit den Jahren geworden ist! Früher ging er mit offenen Armen auf die Menschen zu. Auch auf Andersgläubige. Was ist geschehen? Plötzlich hat er pochende Kopfschmerzen.

Seine Meinung zu den Juden hat sich im Laufe seines Lebens stark verändert. Mit 40 Jahren hatte er noch gepredigt, was allzu oft vergessen wird: dass nämlich Jesus Christus selbst ein Jude war. Damals lehnte er die Unterdrückung der Juden mit großer Entschiedenheit ab. Aber die Juden enttäuschten ihn bitter. Wollten sie doch seiner Lehre trotz all seiner Bemühungen nicht folgen. Jetzt, im fortgeschrittenen Alter von 62 Jahren, wünscht er ihnen nur noch die Pest an den Hals.

Sein Lebenswerk – die Reformation – erscheint Luther wie ein Schiffchen auf stürmischer See. Ihm kommt es vor, als ob Türken, Juden, Heiden, die Papstkirche und der Satan selbst es bedrohen – all jene, die seiner Auslegung nicht folgen. Auch Prediger aus dem eigenen Lager stellen eine Gefahr für die Reformation da. Wie dieser falsche Prophet Müntzer. Und andere, viele, viele andere.

Wie der Schmerz in seinem Schädel hämmert! Luther versinkt in einen merkwürdigen Dämmerzustand. In einem wirren Traum rennt er hin und her und predigt einem jeden, der ihm begegnet, dass es nur mit dem Wort gelingen wird, das Schiffchen über Wasser

Schrift gegen die Juden

1543 verfasst Luther die Schrift *Von den Juden und ihren Lügen*. Darin zeichnet er ein verstörendes Zerrbild der jüdischen Bevölkerung. Blutdürstig, geldgierig und faul seien sie. Sie seien bereit, Kinder zu stehlen und Brunnen zu vergiften. Luther ruft dazu auf, die Juden zu vertreiben. Ihre Häuser sollen zerstört werden, ihre Synagogen brennen, ihr Schmuck und Bargeld eingezogen werden, ihren Geistlichen soll das Predigen verboten werden, die jungen Männer sollen zu körperlicher Arbeit gezwungen werden. Allerdings sollten nicht die Christen tätig werden, sondern die Obrigkeit. Adolf Hitler verehrte Luther wegen dieser Haltung als „Genie".

Ich finde Luthers Schrift über die Juden - drei Jahre vor seinem Tod geschrieben - schrecklich. Er hat geschrieben: Die Synagogen sollen brennen, den Rabbinern soll die Lehre verboten werden und die deutschen Juden sollen vertrieben werden. Das war verantwortungslos. Die Evangelische Kirche hat sich von dieser Schrift Luthers distanziert.

Margot Käßmann

Luther stirbt in Eisleben, wird aber in Wittenberg beerdigt. Sein Grab befindet sich in der Schlosskirche, an deren Tür er am 31. Oktober 1517 seine berühmten Thesen schlug.

Ökumene

Das aus dem Griechischen stammende Wort Ökumene bedeutet „die gesamte bewohnte Erde". Mit der ökumenischen Bewegung ist die Zusammenarbeit zwischen den unterschiedlichen christlichen Kirchen gemeint, im Bemühen darum, sich auf gemeinsame Grundlagen des Glaubens zu besinnen und Trennendes zu überwinden. Die lutherisch-katholisch Ökumene wird auch von Papst Franziskus unterstützt, der genau wie seine beiden Vorgänger in einer lutherischen Kirche in Rom predigte.

Luther versuchte, nach der Bibel zu leben. Heute sehe ich Menschen, die sich für Flüchtlinge einsetzen, in seiner Nachfolge.
Margot Käßmann

zu halten. „Das teure Wort Gottes. Etwas anderes braucht es nicht", ruft er den Menschen zu. Dann tauchen in seinem Traum plötzlich seine Widersacher auf. Es sind viele, gar so viele. Mit drohenden Gesichtern kommen sie näher. Erst als seine Söhne ihn mit dem beißenden Riechsalz wecken können, wird ihm klar, dass er einen Schwächeanfall erlitten haben muss.

Nach einer gefühlten Ewigkeit kommen sie in Eisleben an und Luther kann sich ausruhen. „Ich bin hie zu Eisleben geboren und getauft, wie wenn ich hier bleiben sollte", sagt er in düsterer Vorahnung seines Todes am Vormittag des 17. Februar 1546 zu einem Freund. An diesem Tag predigt er zum letzten Mal von der Kanzel der Andreaskirche. Er schließt den Gottesdienst mit einem Gebet ab, in dem sich sein tiefster Wunsch spiegelt: „Der liebe Gott gebe Gnade, dass wir sein teures Wort mit Danksagung annehmen und im Bekenntnis seines heiligen Wortes bleiben bis ans Ende. Amen!"

Am darauffolgenden Morgen stirbt Luther im Kreise seiner Söhne und einiger Freunde. Ohne die letzte Ölung zu empfangen. Ohne die Rituale der Papstkirche, die er als nicht von Gott gewollt ablehnt. Er lässt auch keinen Priester für sich beten, wie es üblich war. Er spricht selbst mit Gott mit einem Psalmwort: „In deine Hände befehle ich meinen Geist; du hast mich erlöst, HERR, du treuer Gott." Dann verschwindet die Atemnot, die ihn im Sterben gequält hat, und auch der brennende Schmerz in seiner Brust lässt nach. Denn Luthers Aufgabe auf Erden ist beendet.

Chronik

10. November 1483 Martin Luther wird in Eisleben geboren.

1488–1501 Luther besucht bis 1497 die Mansfelder Stadtschule, anschließend die Magdeburger Domschule und zur Vervollständigung seiner Lateinkenntnisse die Pfarrschule zu St. Georg in Eisenach.

1501 Luther beginnt sein Studium an der Universität Erfurt.

1505 Auf Wunsch seines Vaters nimmt Luther ein Jurastudium auf.

2. Juli 1505 Nach einem Besuch bei seinen Eltern gerät Luther in der Nähe von Stotternheim in ein schweres Gewitter und gelobt, Mönch zu werden.

17. Juli 1505 Luther tritt in das Kloster der Augustiner-Eremiten in Erfurt ein.

4. April 1507 Luther wird zum Priester geweiht. Im Sommer beginnt er ein Theologiestudium in Erfurt, das er 1509 in Wittenberg abschließt.

1508–1509 Luthers Beichtvater Johann von Staupitz versetzt Luther für ein Jahr an die Universität Wittenberg, wo er Philosophie lehrt und gleichzeitig weiter Theologie studiert.

vermutlich 1511/1512 Gemeinsam mit einem Mitbruder reist Luther in Ordensangelegenheiten nach Rom.

1511 Luther zieht nach Wittenberg.

1512 Nach seiner Promotion zum Doktor der Theologie übernimmt Luther die Professur für Bibelauslegung an der Universität Wittenberg. Er wird außerdem Subprior des Augustinerklosters.

1513–1517 Turmerlebnis. Eine genaue Datierung ist nicht bekannt. Seiner eigenen Aussage nach erfährt Luther beim Bibelstudium in seinem Arbeitszimmer im Turm des Schwarzen Klosters eine Stunde der Erkenntnis: Er entdeckt, dass den Menschen Gottes Gerechtigkeit nicht durch Verdienste, sondern allein durch die Gnade Gottes zuteilwerden kann. Dies markiert den Wendepunkt in Luthers Glauben.

1517 Der Ablassprediger Johann Tetzel betreibt in den Bistümern Halberstadt und Magdeburg einen erfolgreichen Ablasshandel.

31. Oktober 1517 Thesenanschlag. Laut einer schriftlichen Überlieferung Philipp Melanchthons nagelt Luther 95 Thesen gegen den Ablass an das Portal der Schlosskirche zu Wittenberg. Belegt ist jedoch nur, dass Luther an diesem Tag einen Brief an den Erzbischof Albrecht von Brandenburg schreibt, in dem er den herrschenden Ablasshandel anprangert.

26. April 1518 Heidelberger Disputation. Beim Kapitel des Augustinerordens leitet Luther ein wissenschaftliches Streitgespräch an der Universität Heidelberg, in dem es um seine neue Lehre von der Gnade Gottes geht. Philipp Melanchthon hört Luther hier zum ersten Mal und schließt sich dessen Lehre an.

12.–14. Oktober 1518 Kardinal Thomas Cajetan verhört Luther im Auftrag von Papst Leo X. in Augsburg. Als Luther den geforderten Widerruf verweigert, gilt er als überführter Ketzer.

27. Juni–16. Juli 1519 Leipziger Disputation. In diesem Streitgespräch zwischen Luther, seinem Mitstreiter Andreas Karlstadt und dem katholischen Theologen Johannes Eck wird die Unvereinbarkeit der lutherischen mit der römisch-katholischen Lehre deutlich.

1520 Luthers wichtige Schriften *Von den guten Werken, An den christlichen Adel deutscher Nation von des christlichen Standes Besserung* und *Von der Freiheit eines Christenmenschen* erscheinen.

15. Juni 1520 Papst Leo X. erlässt die Bannandrohungsbulle *Exsurge Domine* gegen Luther.

10. Dezember 1520 Als Antwort auf Verbrennungen seiner Schriften verbrennt Luther die Bannandrohungsbulle und katholische Werke wie das Kirchengesetzbuch öffentlich in Wittenberg.

3. Januar 1521 Der Papst verhängt über Luther den Bann.

17.–18. April 1521 Reichstag zu Worms. In Anwesenheit von Kaiser Karl V. verweigert Luther abermals den geforderten Widerruf seiner Schriften. Daraufhin wird mit dem Wormser Edikt die Reichsacht über ihn verhängt.

4. Mai 1521 Auf dem Rückweg nach Wittenberg wird Luther von den Soldaten Friedrichs des Weisen „überfallen" und zu seiner eigenen Sicherheit auf die Wartburg gebracht. Dort lebt Luther unerkannt unter dem Decknamen Junker Jörg.

Dezember 1521–Februar 1522 Auf der Wartburg übersetzt Luther das Neue Testament in elf Wochen ins Deutsche.

März 1522 Luther kehrt nach Wittenberg zurück, um den sich dort seit Herbst 1521 ausbreitenden radikalen Strömungen der Reformation Einhalt zu gebieten.

September 1522 Die Luther-Übersetzung des Neuen Testaments erscheint. Aufgrund der von Johannes Gutenberg 1450 erfundenen Druckerpresse findet Luthers Übersetzung sofort eine große Verbreitung.

März 1524 Beginn der Bauernkriege unter der Führung des früheren Luther-Verehrers Thomas Müntzer

9. Oktober 1524 Luther gibt das Mönchstum auf.

Mai 1525 Luthers Schrift *Wider die räuberischen und mörderischen Rotten der Bauern,* in der er sich auf die Seite der Fürsten stellt, erscheint. Die Aufstände der Bauern werden niedergeschlagen, Müntzer wird öffentlich hingerichtet.

Juni 1525 Luther heiratet Katharina von Bora, die zwei Jahre zuvor mit weiteren Nonnen aus einem Kloster des Zisterzienserordens geflohen war.

Juni 1526 Johannes (†1575), der erste Sohn Luthers, wird geboren.

Dezember 1527 Luthers Tochter Elisabeth (†1528) wird geboren.

April 1529 Auf dem zweiten Reichstag zu Speyer protestieren evangelische Fürsten und Städte gegen die Erneuerung des Wormser Edikts von 1521. Seitdem werden evangelische Christen auch Protestanten genannt.

Mai 1529 Geburt von Luthers Tochter Magdalena (†1542)

Juni 1530 Auf dem Reichstag zu Augsburg legen die evangelischen Reichsstände Kaiser Karl V. die *Confessio Augustana,* ihre Bekenntnisschrift zum lutherischen Glauben, vor. Sie wird vom Kaiser abgelehnt.

November 1531 Luthers zweiter Sohn Martin (†1565) wird geboren.

Januar 1533 Geburt von Luthers drittem Sohn Paul (†1593)

September 1534 Die erste vollständig übersetzte Lutherbibel erscheint.

Dezember 1534 Luthers letztes Kind, seine Tochter Margarethe (†1570), wird geboren.

1543 Luthers antijüdische Schrift *Von den Juden und ihren Lügen* erscheint.

1545 Luther veröffentlicht seine Schrift *Wider das Papsttum zu Rom, vom Teufel gestiftet,* gegen die katholische Kirche.

Januar 1546 Um einen Streit der Grafen von Mansfeld zu schlichten, reist Luther, begleitet von Justus Jonas, nach Eisleben.

18. Februar 1546 In den frühen Morgenstunden verstirbt Luther in Eisleben.

22. Februar 1546 Luther wird in der Wittenberger Schlosskirche beigesetzt.

1555 Augsburger Reichs- und Religionsfrieden. Auf dem Reichstag zu Augsburg wird ein Gesetz erlassen, das den Anhängern der *Confessio Augustana* erlaubt, ihre Religion frei auszuüben. Die Glaubensrichtungen evangelisch-lutherisch und römisch-katholisch sind damit gleichberechtigt.

Buchtipps

Rudolf Herfurtner: *Magdalena Himmelsstürmerin. Ein Roman aus der Lutherzeit.* Gerstenberg, Hildesheim 2013, ab 12 Jahren. Nach einem tragischen Schicksalsschlag reist Magdalena nach Wittenberg, wo sie einen gewissen Doktor Luder predigen hört. Dem mutigen, jungen Mädchen öffnet sich die Tür zu einer neuen Welt.

Meike Roth-Beck/Klaus Ensikat: *Von Martin Luthers Wittenberger Thesen.* Kindermann-Bieri, Berlin 2015, ab 8 Jahren. In diesem von großformatigen Illustrationen begleiteten Bilderbuch bringt die Religionspädagogin Meike Roth-Beck jungen Lesern Luthers Leben und seine berühmten Thesen nahe.

Hörbuchtipp

Maja Nielsen: *Martin Luther – Glaube versetzt Berge.* Jumbo, Hamburg 2017. Das spannende Hörspiel zum vorliegenden Buch.

Filmtipps

Luther, DVD/Blue-Ray 2011, ab 12 Jahren. Deutsch-amerikanisch-britische Koproduktion. Spielfilm über Luthers Leben, beginnend mit seinem Eintritt ins Kloster bis zu seinem erfolgreichen Kampf um die Anerkennung der protestantischen Lehre.

Luther – Sein Leben, Weg und Erbe, DVD 2010, ab 12 Jahren. Dokumentation von den Produzenten des Kinofilms Luther, mit Spielszenen des Kinofilms und Kommentaren von Sir Peter Ustinov, Joseph Fiennes, Margot Käßmann und zahlreichen weiteren Luther-Experten.

Museen

Martin Luthers Geburtshaus
Reise in die Lutherstadt Eisleben und besuche das Haus, in dem Martin Luther zur Welt kam. Die Dauerausstellung *Von daher bin ich – Martin Luther und Eisleben* thematisiert die ganz besondere Verbindung zwischen dem Reformator und der Stadt. Seit 1996 zählt das Haus zu den UNESCO-Welterbestätten.
Lutherstraße 15
06295 Lutherstadt Eisleben
www.lutherstaedte-eisleben-mansfeld.
de/orte-region/eisleben-unterkuenfte-
urlaub/sehenswuerdigkeiten-ausflue-
ge/luthers-geburtshaus

Luthers Elternhaus
Unter dem Titel *Ich bin ein Mansfeldisch Kind* präsentiert die Ausstellung im Elternhaus Luthers den Alltag der Familie in Mansfeld, Luthers Schulzeit und seine Bedeutung für das Mansfelder Land. Zu den Exponaten gehören u.a. Murmeln, mit denen Luther als Kind spielte.
Lutherstraße 26
06343 Mansfeld-Lutherstadt
www.lutherstaedte-eisleben-mansfeld.
de/orte-region/mansfeld-unterkuenf-
te-urlaub/sehenswuerdigkeiten-mans-
feld-ausfluege/luthers-elternhaus

Lutherhaus in Wittenberg
Das einstige Augustinerkloster beherbergt heute das größte reformationsgeschichtliche Museum der Welt. Die Dauerausstellung *Martin Luther – Leben, Werk & Wirkung* dokumentiert das Leben und Wirken Martin Luthers. Zu den Exponaten gehören u.a. Luthers Mönchskutte, seine Bibel, zahlreiche Handschriften und die original erhaltene Lutherstube, wo einst die Tischgespräche stattfanden.
Collegienstraße 54
06886 Lutherstadt Wittenberg
www.lutherstadt-wittenberg.de/kul-
tur/unesco-weltkulturerbe/lutherhaus

Luthers Sterbehaus
Die Ausstellung *Luthers letzter Weg* erzählt nicht nur von Luthers letzter Reise in die Stadt Eisleben und von seinem Tod, sondern richtet einen besonderen Blick auf die Frage, welche Rolle der Tod in Luthers Theologie spielt und welchen Einfluss sie auf die Sterbekultur hat.
Andreaskirchplatz 7
06295 Lutherstadt Eisleben
www.lutherstaedte-eisleben-mansfeld.
de/orte-region/eisleben-unterkuenfte-
urlaub/sehenswuerdigkeiten-ausflue-
ge/luthers-sterbehaus

Web-Tipps

www.ekd.de
Die Seite der Evangelischen Kirche in Deutschland stellt u.a. den Reformatoren und seine Bedeutung für die evangelische Kirche vor. Mit ausführlichen Informationen, Veranstaltungstipps und weiterführenden Links.

www.luther2017.de
Die offizielle Homepage zum Lutherjahr 2017 mit allen Neuigkeiten und Veranstaltungen rund um das 500-jährige Reformationsjubiläum.

www.luther.de
Diese Seite, die in Kooperation u.a. mit der Stadt Wittenberg erstellt wurde, bietet kurz und übersichtlich alle wichtigen Informationen zu Leben und Wirken des Reformators.

www.luther-erleben.de
Diese Seite stellt Informationen über Luthers Leben, über alle Wirkungsstätten Luthers im Bundesland Sachsen-Anhalt sowie über Persönlichkeiten, zu denen Luther eine Beziehung hatte, bereit.

www.lutherstadt-wittenberg.de
Luthers langjährige Heimatstadt bietet das ganze Jahr über zahlreiche Veranstaltungen zu Leben und Wirken des Reformators. Eine Übersicht über alle Termine und Tickets sind hier ebenso zu finden wie Informationen über Stadtführungen auf Luthers Spuren oder über die Luthergedenkstätten.

www.lutherstaedte-eisleben-mansfeld.de
In den Städten Eisleben und Mansfeld können Luthers Geburts-, Sterbe- und Elternhaus sowie seine Taufkirche besichtigt werden. Mit zahlreichen Tipps und Informationen laden die Lutherstädte zu einem Besuch ein.

Bildnachweis

akg-images Berlin: Einband hinten or, Einband vorn u, S. 4–5, 6Mr, 9, 17Ml, 22, 25, 26, 29, 31ol, 32, 34, 35u, 37ol, 39, 44ol, 44ur, 46or, 46–47M, 48–49uM, 50, 55, 59ol/Bildarchiv Monheim: Einband hinten Mr, S. 43ol/De Agostini Picture Lib./G. Dagli Orti: S. 6–7, 10/Stefan Drechsel: S. 36–37u/Heiner Heine: S. 22–23o/Erich Lessing: S. 40or/Jürgen Raible: S. 20Mr/Jost Schilgen: S. 13ul/Dr. Enrico Straub: S. 15; fotolia/AndreasJ: Einband hinten l, S. 2; imago/Future Image: S. 7ul/United Archives: S. 20o, 38, 53; Peter Palm, Berlin: S. 49ol, 57; picture-alliance: S. 8; Roland Rossner/Deutsche Stiftung Denkmalschutz: S. 16–17o; shutterstock/gary yim: S. 28.

Leider war es uns nicht in allen Fällen möglich, die Rechteinhaber ausfindig zu machen; alle Ansprüche bleiben gewahrt.